1900

GARDE A VOUS!

DE LA SPRÉE A L'ESCAUT
PAR LA MARNE

1900

GARDE A VOUS!

DE LA SPRÉE A L'ESCAUT PAR LA MARNE

PARIS
LIBRAIRIE MILITAIRE DE J. DUMAINE
L. BAUDOIN & Ce, Successeurs
30, RUE ET PASSAGE DAUPHINE, 30
1882

PRÉFACE

Gouverner, c'est prévoir!

A notre sens, on oublie trop la vérité de cet axiome.

On vit trop au jour le jour, et dans bien des détails de notre organisation, on s'arrête, on s'endort.

1871 a porté des fruits, certes; mais, ne semble-t-il pas que les efforts successifs et décousus d'organisation, ou plutôt de réorganisation, qui ont été provoqués par les désastres de cette époque, aient, en quelque sorte, épuisé la force d'action, l'élan, le ressort qui poussait la France?

Pour notre part, nous ne pouvons nous le dissimuler: il y a lieu de s'inquiéter sérieusement à cet égard, et c'est mû par une sorte de crainte patriotique que nous avons écrit l'idéologie politique, la fantaisie stratégique, le rêve, en un mot, que nous soumettons aujourd'hui au public.

D'avance, nous acceptons toutes les critiques.

Pour plus d'un, nous aurons noirci du papier en pure perte.

D'autres n'auront pas assez de sarcasmes pour nous bafouer.

Mais, quoi qu'on dise et quoi qu'on fasse, il se trouvera

— nous l'espérons pour l'avenir de la France — tout au moins quelques esprits sérieux qui sauront lire entre les lignes ce que nous ne pouvons, ce que nous ne voulons pas dire ; qui verront dans ce modeste travail ce qui s'y trouve en réalité : *un avertissement.*

Autrefois, du temps de la Rome antique, une phrase éloquente réveillait le patriotisme endormi d'une nation.

Le temps n'est plus où l'on peut se fier à ces nobles moyens. Aujourd'hui, le chiffre est tout ; c'est à coups de chiffres que tout se prouve et se débat ; c'est un peu à coups de chiffres aussi que nous avons cru devoir parler à nos concitoyens.

Et si nous avons osé prendre la plume, c'est que, suivant pas à pas, depuis 1866, la politique tortueuse, mais invariable, de l'Allemagne, notre patriotisme s'est ému de voir que tant de fruits de cette politique fussent déjà mûrs.

En 1871, l'Allemagne avait pu croire la France définitivement abattue, ruinée. Elle l'a vue se relever plus vivace, plus vivante que jamais, sur son piédestal de milliards.

Sedan et Metz n'ont pas effacé Iéna ! Strasbourg et Paris bombardés n'ont pas effacé, pour les Allemands, les incendies du Palatinat, le sanglant affront fait à l'Allemagne en la personne de la reine Louise !

Tandis que le Parisien sourit peut-être au triste morceau de pain du siège, qu'il conserve sous un globe ; alors que, tout le premier, « *il blague* » son héroïsme de 1870 ; alors qu'oublieux déjà du passé, il tend la main à l'Allemand, celui-ci, dès l'école, plus tard à l'atelier ou à l'université, continue à apprendre que *l'ennemi*, l'ENNEMI HÉRÉDITAIRE, est toujours debout !

L'astuce la plus habile est mise en œuvre pour aviver sa haine, et quand ses mauvais instincts sont rallumés, il cherche une carte de France : alors, l'œil plein de convoitises, il se prend à penser que, pourtant, la Lorraine est allemande, que la Champagne pourrait l'être, que la Bourgogne devrait l'être !

A tous les degrés de l'échelle sociale, les mêmes sentiments d'envie se retrouvent ; à tous les Allemands, on montre sans cesse et sans relâche le spectre de la Revanche ; le mot d'ordre est venu d'en haut, toutes les fibres de la nation se sont imprégnées de ce fiel. Tout, en Allemagne, est disposé pour faire croire que les Français n'ont qu'une pensée, qu'un but : la Revanche !

Dans les grands cercles politiques, dans la bouche de l'Empereur, dans celle du Chancelier de Fer lui-même, les paroles *se dorent :* il n'est question que de bonnes relations extérieures, de paix générale, de réformes sociales. Mais, que de démentis à ces *paroles* mielleuses dans les *actes* politiques de l'Allemagne !

Une preuve entre mille, preuve toute récente, celle-là ; c'est M. Richter, parlant au Reichstag, le 24 novembre 1881, qui nous la fournit :

« Au-dessus des partis, dit-il, planent la couronne et l'auguste personne de l'Empereur : voilà la conception *allemande*. L'idée contraire, d'après laquelle l'Empereur sort victorieux ou vaincu d'une lutte électorale, est d'origine *française*. » (*Très bien, très bien ! Applaudissements*).

Que l'on n'oublie pas que c'est un député de l'opposition qui parle, un adversaire déclaré de M. de Bismarck, son antithèse politique, dirions-nous volontiers ; mais, quand il s'agit d'un sentiment haineux envers la France, le Reichstag tout entier, conservateurs comme libéraux, ultramontains et socialistes, « sauvages » même, tous applaudissent.

Ce simple fait, insignifiant en apparence, dit mieux que de longs discours quels sont les sentiments véritables de l'Allemagne pour la France.

Veut-on autre chose?

Nous sommes à Berlin, lors du Congrès.

La patrie de Richelieu et de Talleyrand est représentée par M. Waddington, diplomate de rencontre, que l'illustre Beaconsfield prit pour plastron, un jour qu'il se sentait seul de taille à se mesurer avec le Prince de Bismarck.

« Quoi de nouveau? » demandait le noble lord à notre représentant, qui sortait du palais du Congrès. — « Oh ! rien ! je descends, voilà tout!... Mais, vous, milord? — Oh ! moi,... je monte!... » fit le grand diplomate.

Ce mot, qu'à tort ou à raison l'on prête à Disraëli, ne peint-il pas la nullité de l'influence française à ce Congrès où l'astucieux Chancelier nous souffla l'idée d'une annexion de la Tunisie, idée d'abord sagement écartée, mais reprise et, malheureusement, mise à exécution !

Et si nous effleurons en passant cette néfaste question de la Tunisie, ce n'est pas tant pour la critiquer dans ses détails que pour faire toucher du doigt les conséquences qu'elle a déjà produites; pour faire voir où elle nous a menés, ou plutôt où nous mène M. de Bismarck, grâce à elle.

Or, nous le déclarons, et tous les hommes de bonne foi diront comme nous, l'idée d'occuper la Tunisie a déjà donné les résultats suivants :

1° Défiance de l'Angleterre, et rapports tendus avec elle. Elle ne pouvait voir d'un bon œil cette extension de l'influence française en Afrique et sur la Méditerranée;

2° Suspicion, puis colère et jalousie haineuse chez nos

voisins les Italiens, qui ont vu, à tort ou à raison, dans cet acte, une atteinte à leurs prétendus droits et qui n'ont été retenus de nous le marquer que par des considérations financières et, surtout, parce que le grand maître, qui tient les ficelles des marionnettes politiques de l'Europe, ne jugeait pas que le moment psychologique fût venu;

3° L'alliance austro-allemande, aujourd'hui complètement avérée, resserrée même s'il se peut, par ce mot du Chancelier : « La France éprouve tous les dix ans un mouvement d'expansion au dehors. »

Mais, pendant que les esprits sont ainsi tournés vers le nord de l'Afrique, que se passe-t-il?

Les garnisons allemandes de l'ouest se renforcent sans cesse et la frontière occidentale de l'Allemagne, comme a pu le remarquer M. Gambetta, est « armée jusqu'aux dents! »

Nous avons cru utile, nécessaire même, de le rappeler, dussions-nous être la *vox clamantis in deserto!* Nous avons voulu, de plus, démontrer que les errements économiques et sociaux de l'Allemagne actuelle pouvaient, à un moment donné, devenir, pour les Allemands, la *raison logique* d'un effort dirigé au dehors, dirigé naturellement contre nous, et que, dans cette éventualité, seule, l'Allemagne était déjà admirablement organisée, outillée, prête jusque dans les moindres détails; nous avons voulu, enfin, démontrer que dans l'hypothèse d'une guerre nouvelle, l'Allemagne, si elle n'est pas appuyée par toute l'Europe, du moins ne se verra contrecarrer dans ses projets par aucune des nations qu'elle puisse éventuellement redouter à un degré quelconque.

L'Angleterre, on a su l'endormir; la Russie et l'Autriche sont suffisamment préoccupées chez elles pour devoir respecter quand même les traités qui les lient; l'Espagne pourrait bien ne pas nous être toujours sympathique; quant à l'Italie, nul doute qu'elle ne se mette contre nous; sans compter le coup de pied de l'âne, qui serait une intervention de la Porte en Tunisie.

A bon entendeur, salut!

Si vis pacem, para bellum!

CHAPITRE PREMIER

PROCLAMATION DE L'EMPEREUR-ROI AUX FIDÈLES PEUPLES DE LA GRANDE ALLEMAGNE.

« Gloire à Dieu !

« La grande cité flamande vient de tomber entre nos mains ! Après un siège mémorable, la ville d'Anvers s'est enfin rendue à notre vaillante armée.

« Malgré une résistance de neuf mois, malgré vingt batailles qu'on nous a livrées sous ces murs, sur terre et sur mer, malgré des privations de toutes sortes, nos armes ont triomphé !

« La prise d'Anvers n'est pas seulement un grand événement militaire, c'est aussi la garantie définitive de l'indépendance des peuples allemands, c'est la sécurité complète pour l'avenir, c'est le repos à jamais assuré !

« Qui oserait maintenant s'attaquer à l'Allemagne ? A l'Allemagne qui se repose, confiante et sereine, sur l'armée la plus formidable du monde !

« De l'est à l'ouest, du nord au sud, nos pays forment dès aujourd'hui le vaste Empire que nos aïeux rêvaient.

« Du Niémen à la Marne, des Alpes à la mer du Nord et à la Baltique, tout est Allemand !

« Voilà le fruit de vos travaux, de vos fatigues, de vos

sacrifices et de votre sang ! Aussi, chacun est-il fier aujourd'hui de se dire enfant de ce grand Empire germanique !

« Une seule place nous manquait au nord. Votre vaillance, votre persévérance viennent de nous la donner : Anvers s'est rendu !

« Anvers, pour l'Allemagne, c'est la clef de l'Europe maritime.

« Anvers, c'est le débouché de notre commerce, c'est l'exportation des produits de nos pays, rendue facile désormais avec nos frères d'Amérique.

« C'est la grande République américaine et l'Empire allemand, qui se rattachent par tant de liens, se donnant enfin la main.

« De ce jour s'ouvre une ère nouvelle, ère de prospérité et de bonheur, puisqu'elle assure à jamais au continent une paix longue et durable, dont l'unification du Saint-Empire germain était le prix.

« Je remercie Dieu, qui m'a donné de vivre assez longtemps pour voir la fin de ce bel et grand œuvre, qui commence à Waterloo et que la prise d'Anvers achève !

« Gloire à Dieu ! Vive l'Allemagne ! »

WILHELM.

Camp de Turnhout, 13 janvier 1900.

Telle est la proclamation que le vieil Empereur vient d'adresser à ses peuples.

Cet Empereur séculaire, qui a vu s'écrouler autour de lui des races entières, est parvenu, grâce au génie de son conseiller, à faire de l'aigle prussienne l'emblème de la toute-puissance en ce monde.

Un pied dans la tombe, l'autre sur un trône élevé sur

la ruine de tant de nations, il peut promener au loin son regard, ...il n'est pas un coin de terre où il n'ait fait flotter le drapeau allemand.

La Belgique vient d'expirer! Sa grande forteresse a capitulé!

La Hollande n'a même pas ouvert ses écluses pour inonder les hordes teutonnes.

Elle a rendu ses contrées si fertiles; de ses richesses sans nombre, le vainqueur s'est saturé.

La France, hélas! malgré des efforts surhumains, avait déjà succombé sous l'effort de tous ses ennemis conjurés, qui avaient cru que, elle abattue, la paix universelle serait rétablie.

Lamentable erreur! La France brisée, démembrée, c'était la digue rompue; elle écrasée, rien ne devait plus arrêter l'Allemand!

CHAPITRE II

Ainsi, c'est un fait accompli : la Belgique a été rayée de la carte d'Europe ; l'année 1900 a été pour elle aussi cruelle que l'année 1896 l'avait été pour la France.

Il existe un lien si réel entre la situation de la Belgique et celle de la France, qu'en refaisant l'historique de la guerre franco-allemande de 1896, nous ferons toucher du doigt la seule cause vraie de l'événement que nous enregistrons aujourd'hui.

Nous irons même plus loin; avec un homme comme le Prince de Bismarck, qui non seulement saisit toutes les occasions, mais les fait naître, il faut scruter les raisons de politique générale et même de politique intérieure, sociale et économique, qui ont constamment guidé sa conduite.

C'est par là que nous commencerons notre récit rétrospectif, nous réservant de revenir ultérieurement sur les causes mathématiques, scientifiques, qui ont eu raison de l'héroïsme français.

Pour donner plus de poids à cette étude, nous profiterons même d'un document officiel qu'il nous a été donné de consulter et dont nous avons pris copie.

Voici ce document :

L'Ambassadeur de France, à Berlin, à Monsieur le Ministre des affaires étrangères, à Paris.

Berlin, le 12 janvier 1895.

« Monsieur le Ministre,

« Comme suite à mes précédentes dépêches et à l'appui des vues que j'y ai exposées, je crois devoir résumer aussi clairement que possible l'ensemble des renseignements que, depuis de longs mois, m'ont adressés les divers agents diplomatiques et consulaires du Gouvernement français en Allemagne.

« Vous y verrez sans doute, comme moi, une des plus puissantes causes de ce trouble des esprits que, depuis deux ans, je vous signale ; vous y verrez également l'explication des bruits de guerre qui se sont répandus dans ces derniers temps.

« Telle qu'elle est organisée, l'Allemagne ne peut tenir unis les éléments disparates qui la forment qu'à la condition de pratiquer une politique économique permettant le très rapide développement de la richesse naturelle du pays.

« Une nation faite d'éléments aussi hétérogènes, dès qu'elle s'appauvrit, perd tout ciment, toute cohésion; les principes dissolvants s'emparent d'elle et quand, économiquement, elle se trouve ainsi réduite aux abois, une guerre seule peut la forcer à l'union.

« L'Allemagne en est là, et les renseignements que je vous soumets prennent leur importance, surtout, dans la conséquence fatale qu'ils entraînent pour la France, menacée, aujourd'hui plus qu'elle ne l'a jamais été, d'une guerre dont l'Allemagne *a besoin* pour ne point se désagréger.

« Les instructions que vous m'avez, du reste, données lors de la conférence de LL. MM. les Empereurs d'Allemagne et d'Autriche, tenue l'année dernière, à Salzbourg, prouvent déjà amplement que vous avez conçu les mêmes inquiétudes que moi, et que vous retirerez des faits et des chiffres ci-annexés l'enseignement qu'ils comportent.

« *Sub* n° I. — Vous trouverez ci-jointes les vues d'ensemble que m'ont inspirées les rapports consulaires et diplomatiques qui me sont parvenus au sujet de la situation économique de l'Empire d'Allemagne.

« *Sub* n°s II à LI. — Vous trouverez les rapports qui m'ont été adressés depuis dix-huit mois des principaux centres de l'Allemagne.

« Dans l'espoir que vous jugerez utile d'user de toute votre influence auprès de Son Excellence Monsieur le Président de la République, pour faire que le Gouvernement français s'émeuve enfin d'un état de choses si bien fait pour l'alarmer,

« J'ai l'honneur d'être,

« Monsieur le Ministre,

« Votre très respectueux et très dévoué serviteur,

« de Chabredy. »

A l'appui de cette importante dépêche de l'Ambassadeur de France à Berlin, nous croyons devoir citer *in extenso* le mémoire classé *sub n° I*, dans cette dépêche.

N° I. — *Mémoire sur la situation économique de l'Allemagne en 1894.*

Résultat de la fusion des 300 États indépendants qui, primitivement, formaient la Confédération germanique, fusion opérée par les traités de Vienne et de Francfort, l'Allemagne actuelle promettait beaucoup au point de vue de la cohésion et de la force. Malheureusement pour elle, la politique économique et sociale suivie par son Gouvernement depuis la dernière guerre franco-allemande, a détruit l'équilibre indispensable au maintien de cette cohésion et au développement de cette force. La vitalité de l'Allemagne, en tant que nation, est aujourd'hui sérieusement menacée. Les chiffres authentiques qui suivent, le prouvent surabondamment.

En 1876, les 54,322,490 hectares formant l'Empire, contenaient 42,727,000 âmes. Jusque-là et même jusqu'en 1881, l'accroissement de la population était plus rapide ici que partout ailleurs, se chiffrant par 13 pour 1000 habitants. Aujourd'hui, soit à 18 ans de distance, cet accroissement n'est plus de beaucoup aussi fort et la population n'a que très légèrement augmenté, ce qui est d'autant plus surprenant, à première vue, que l'Allemagne passe pour une nation prolifique entre toutes, « parce que — disait-elle hypocritement, — la patrie allemande conserve ses sentiments religieux et de moralité. »

Pour ne citer qu'une des nombreuses causes de ce fait, disons que de 1840 à 1876, l'émigration lui avait enlevé 2,247,000 personnes. Déjà, en 1881, M. von Bœtticher, au Reichstag, avait poussé un cri d'alarme. Dans la séance du 2 décembre de cette année, il établissait ainsi la rapide progression suivie par l'émigration :

Années.	Émigrants allemands.
—	—
1877	20,000
1878	23,000
1879	28,000
1880	90,000

C'était là, ajoutait-il, l'émigration partant de Hambourg et de Brême seulement, ne comprenant donc pas les milliers d'Allemands partis par Anvers.

Mais, depuis la réorganisation militaire, l'accentuation de la politique protectionniste et le retour au monométallisme, depuis surtout que les récents projets militaires et la création du nouveau matériel de guerre ont rendu indispensables des impôts innombrables et vexatoires, l'émigration n'a cessé de s'accroître, au point qu'elle a entraîné déjà 5,322,012 Allemands valides loin du sol natal.

Les déserteurs connus comme tels sont nombreux parmi les émigrants, mais les fermiers aisés et les ouvriers des mines et manufactures, ainsi que les artisans, le sont plus encore.

D'autre part, de 1860 à 1876, on avait remarqué que la proportion des naissances aux mariages avait diminué de 490 à 481 naissances par 100 mariages. Aujourd'hui, 100 mariages donnent à peine 474 naissances : soit une différence de 7 enfants sur 100 mariages annuels.

Il est important à noter également que les tables de mortalité donnent aujourd'hui des résultats moins bons qu'il y a 18 ans. La durée moyenne de la vie humaine a diminué en Allemagne d'une façon sensible, surtout depuis 15 ans, c'est-à-dire depuis que le gouvernement a accaparé l'industrie de l'assurance sous toutes ses formes. Il n'y a là, évidemment, qu'une coïncidence fortuite, car tout le monde sait aujourd'hui qu'un des principaux motifs de cette diminution de la durée moyenne de la vie en

Allemagne est la grande misère qui règne depuis une quinzaine d'années dans les basses classes des régions agricoles, sidérurgiques et manufacturières.

En effet, l'agriculture, soi-disant protégée par un droit d'importation de 25 p. 100 sur toutes les productions de la terre, a énormément souffert : les surfaces productives ont diminué, en même temps que le rendement et le nombre des fermiers; par contre, les hypothèques qui grèvent le sol ont pris une importance extraordinaire.

Les vignes allemandes, qui, en 1878, produisaient encore 4,090,000 hectolitres, n'en produisent plus depuis deux ans que 1,590,000; le phyloxera a ruiné nombre de viticulteurs.

Les *Wanderlehrer*, instituteurs ambulants d'agriculture, aujourd'hui tous fonctionnaires de l'Etat et en même temps agents d'assurances pour l'Etat, ont beaucoup perdu de leur ancienne popularité.

La statistique des chevaux et du bétail donne, de son côté, les résultats suivants :

	1879	1894
Chevaux.	3,360,000	3,900,000
Bœufs et vaches.	15,800,000	16,100,000
Moutons.	25,200,000	26,400,000
Porcs..	7,300,000	9,100,000
Boucs et chèvres..	2,330,000	1,210,000

Le lecteur sera frappé de la forte augmentation qui s'est produite dans le nombre des chevaux et celui des porcs; c'est là une coïncidence curieuse, car si le cheval est un précieux instrument de guerre, le porc entre pour beaucoup dans l'alimentation du pauvre.

Misère et guerre, l'une entraînant l'autre!

Tel est le sort fait à l'agriculture allemande; on voit

qu'il est loin d'être brillant et que les dix-huit années qui viennent de s'écouler n'ont pas donné, en progrès réalisés, ce qu'elles pouvaient et devaient donner.

En industrie, au premier abord, la situation paraît belle.

Le nombre des usines et celui des ouvriers industriels ont considérablement augmenté depuis vingt ans; par contre, celui des artisans reste presque stationnaire : avec la grande industrie *protégée*, la petite ne peut soutenir la lutte; la première triomphe et s'enrichit aux dépens de la nation « protégée »; la seconde se ruine, disparaît ou émigre.

Les linières et filatures donnent de gros dividendes à leurs actionnaires depuis que les droits prohibitifs empêchent les produits étrangers d'entrer. En revanche, le public, qui paie très cher ce qu'il achète maintenant, n'a pas de meilleures toiles et cotonnades qu'en 1880, et en Angleterre comme en France et en Belgique, les produits allemands seraient invendables à cause de leur mauvaise qualité.

On arrive ainsi à un curieux contre-pied de la fameuse phrase lancée, en 1880, par un économiste allemand, M. Reuleaux, faisant allusion à l'insuccès de l'industrie nationale à l'Exposition de ~~Melbourne~~ : « De mauvaise marchandise au meilleur marché possible. » — Aujourd'hui, M. Reuleaux pourrait dire : « De mauvaise marchandise au plus haut prix possible. »

En 1877, l'Allemagne exportait pour 3,540,000 marks d'or (1) de cotonnades; elle n'exporte plus rien, pas même en Afrique centrale, où cependant elle fait concurrence à l'Angleterre et à la Belgique pour les rails, qu'elle vend à moitié prix aux compagnies anglo-belges,

(1) Le mark d'or vaut 20 reichsmarks de 1 fr. 25 = 25 francs.

qui y ont établi le vaste réseau ferré que l'on sait, sous le patronage du roi des Belges.

Par contre, en Allemagne même, l'État, qui exploite toutes les lignes de chemins de fer, paie ses rails trois fois autant qu'en Angleterre et deux fois et demie autant que les chemins de fer de l'État français.

Tous les produits industriels ou manufacturés suivent la même loi; tous, scandaleusement protégés d'un bout à l'autre du *Zollverein*, sont de qualité très médiocre — la concurrence n'étant plus là pour stimuler le zèle des producteurs — et coûtent fort cher.

De 3,600 en 1879, le nombre des fabriques de tabac en feuilles, cigares, tabacs coupés et cigarettes *russes* est monté à 8,500. Depuis 10 ans, l'industrie du tabac s'est *nationalisée* et il n'est pas entré une livre de Havane, de Manille ni de Java. Avec quoi fabrique-t-on les cigares, dont le moindre coûte aujourd'hui cinq fois autant qu'en 1880? C'est ce que les recherches les plus actives des agents consulaires français en Allemagne n'ont pu découvrir.

La bière prospère.

En 1879, on comptait 18,840 brasseries produisant 21,127,072 hectolitres de bière, soit environ 46 litres par habitant. On en compte aujourd'hui 35,000 produisant 54,408,000 hectolitres, soit à peu près 130 litres par habitant.

Les eaux-de-vie ordinaires se produisent également dans des proportions considérables; l'ivresse qu'elles causent est terrible, aussi la criminalité augmente-t-elle dans des proportions effrayantes. Comme compensation, l'Allemand peut s'enorgueillir de ne boire que des eaux-de-vie nationales et d'alimenter ainsi le Trésor de guerre, car elles sont taxées à raison de 50 marcs le demi-hectolitre.

On comptait, en 1880, 1,200 fonderies et usines métallurgiques avec 120,000 ouvriers, produisant 2,400,000 tonnes de fers et aciers, avec une production de fonte de 2,000,000 tonnes, le reste étant importé.

Aujourd'hui, les usines métallurgiques et fonderies sont au nombre de 3,000, avec 360,000 ouvriers, une production de fers et aciers de 6,000,000 tonnes; en outre, l'Allemagne fait toute sa fonte, un peu moins de six millions et demi de tonnes.

La fonderie de canons qui jadis faisait partie de l'usine Krupp, si célèbre depuis 35 ans, appartient aujourd'hui à l'Etat.

L'usine elle-même couvre une superficie de 30 hectares, emploie 30,000 hommes, 150 marteaux-pilons d'une puissance prodigieuse.

A la Fonderie impériale, on fabrique depuis 3 ans des canons de forme, de matière et de dimensions nouvelles. On parle, sous le manteau, d'un nouveau canon qui porte à 24 kilomètres et perce d'outre en outre un blindage d'acier de 20 pouces d'épaisseur.

Passons à un autre ordre d'idées.

Depuis six mois, on a remis en vigueur l'usage du passeport; il doit être présenté au guichet des chemins de fer en même temps qu'on y prend son coupon et le *ticket* d'assurance contre les accidents, délivré par l'Etat, et par conséquent « *forcé* ». Le *ticket* d'assurance est calculé à raison de 1 1/2 °/₀ du montant du coupon de parcours.

L'Etat est seul propriétaire des chemins de fer, qui ont aujourd'hui un développement de 58,000 kilomètres et sont à 4 *voies* sur toutes les lignes stratégiques.

Le service, même technique, relève du Ministère de la guerre, section du génie et des voies stratégiques.

L'Etat exploite également toutes les lignes de tramways à forfait, la propriété en étant laissée aux Compagnies, qui paient à l'Etat, pour son exploitation, la moitié de tout ce qui dépasse 3 %, prix officiel de l'argent, fixé par le gouvernement, dont la sollicitude et la vigilance sont inépuisables.

Depuis une vingtaine d'années, l'Allemagne a imité l'Angleterre et adopté l'or comme seule monnaie métallique légale. Par une anomalie inexplicable pour le vulgaire, depuis 1890, on n'a plus vu une pièce d'or en Allemagne.

Le bruit avait couru vers cette époque que les changeurs-arbitragistes, de connivence avec les banquiers français et belges, étaient la cause du mal. Il n'en a pas fallu plus pour que cette corporation, exclusivement formée de Juifs, fût supprimée par décret impérial et royal du 20 mai 1892.

Rien n'y a fait : le papier seul se rencontre encore, et 100 marks de ce papier, dont le cours forcé et le mono-métallisme font la seule monnaie effective en Allemagne, ne valent plus au dehors que 70 p. 100 de leur valeur nominale.

La Banque impériale-royale-souveraine d'Allemagne subsiste seule; elle a deux succursales dans les villes de moins de 100,000 âmes, 4 dans celles de 100,000 à 200,000 âmes; 8 à Berlin, Munich, Hambourg, Brême et Francfort. Elle émet le papier-monnaie et fixe le taux de l'escompte.

A Berlin, Hambourg, Francfort et Munich, les opérations de Bourse sont faites par les agents du Trésor qui, sur le montant total des opérations de leurs clients, prélèvent :

Courtage.	1	p. 1000
Commission.	1/2	—
Impôt mobilier spécial.	1/2	—
Courtage de report	2	—
Commission de report.	1/2	—

Dans ces quatre villes, « en vue de faciliter les opérations de Bourse », dit le décret du 13 novembre 1890, l'Etat a institué des Caisses de Report relevant directement du Ministère des Finances et « offrant », dit le même décret, « toutes garanties et toute sécurité. »

A toutes ces entraves et vexations, il faut ajouter les impôts nouveaux que l'organisation militaire et économique de l'Allemagne a rendus indispensables.

On pourra se rendre compte de ce qu'ils doivent être quand on saura qu'en 1879, les impôts produisaient 106 millions de marcs d'or environ, tandis que maintenant, ils en rendent 247 millions. Enfin, par suite des emprunts successifs de 1889, 1890 et 1892, la dette nationale est montée de 215 à 610 millions de marcs d'or.

Ces quelques détails suffisent à montrer que l'Allemagne, si forte militairement, est, économiquement, à la veille d'un cataclysme épouvantable.

Le découragement de la population est tel qu'à la Chambre fédérale, c'est à peine si de loin en loin une voix s'élève encore pour critiquer le système financier, économique et politique du Gouvernement.

Toutefois, dans les Chambres des Etats particuliers, notamment en Bavière et en Saxe, depuis quelque temps, se dessinent des tendances séparatistes, dont se préoccupe vivement le Gouvernement de Berlin.

L'appauvrissement général est bien fait également pour ajouter à ses craintes ; aussi, depuis quelques mois, les journaux officieux ont-ils recommencé à agiter devant le pays le terrible jouet qui, de tout temps, a échauffé les esprits en Allemagne : la guerre contre la France !

Sur ce terrain-là du moins, le Gouvernement de Berlin est toujours certain de se voir suivi par une nation unie dans une haine commune, toujours vivace.

Une guerre dirigée contre la France ne serait pas

seulement, au point de vue allemand, la solution normale des difficultés politiques actuelles, ce serait également une solution momentanée de la question financière, car la France est, pour les Allemands, une riche proie à saisir, un pays à ruiner au profit du leur ; elle représente des milliards à ramasser en grand nombre, et, sur dix Allemands, il y en a au moins cinq qui regrettent aujourd'hui que M. de Bismarck et le maréchal de Moltke se soient contentés de si peu en 1871, tant au point de vue financier qu'au point de vue territorial, alors qu'il y avait tant à prendre encore avant de ruiner définitivement la France.

Berlin, le 12 janvier 1895.

Ce document, que le plus grand des hasards a mis entre nos mains, éclaire d'une vive lumière l'un des côtés de la question. Toutefois, il serait difficile, à l'aide de cette seule pièce, de comprendre comment la guerre fut amenée. Aussi ferons-nous le récit très succinct des événements survenus de 1889 à 1896.

CHAPITRE III

Bou Mockrana, le marabout dont le fanatisme avait soulevé l'Algérie, quoique constamment battu, n'avait cessé de harceler les colonnes d'expédition françaises. Le secret de sa force était qu'il avait dans le Maroc un centre d'approvisionnements, et nul n'aurait pu prévoir le moment de la pacification de l'Algérie et de la Tunisie, si la France, pour en finir, ne s'était décidée à envahir le Maroc. Quelques semaines plus tard, l'armée française s'emparait de Fez, où le marabout s'était réfugié. Celui-ci fait prisonnier et exécuté immédiatement, la pacification de notre grande colonie était assurée..... on le croyait du moins.

Les circonstances motivaient peut-être cet acte de force, mais, à coup sûr, c'était un acte impolitique au premier chef. Nous en eûmes bientôt la preuve.

La Porte réclama, fit prêcher la Guerre Sainte en Tunisie et en Algérie.

Bientôt ces deux provinces se soulevèrent de nouveau. En même temps, de violentes interpellations faites aux Cortès et à la Chambre des Communes démontrèrent à la France qu'elle avait été trop loin.

Une seconde Note de la Porte, appuyée cette fois par

l'Espagne et l'Angleterre, acheva de mettre le Gouvernement français dans une fâcheuse impasse.

Pourtant, la terrible révolte des Indes, suscitée par la descente des Afghans de Kandahar, ainsi que les massacres de Calcutta et de Bombay, contraignirent bientôt l'Angleterre à abandonner cette question.

L'Espagne, restée seule, renouvela ses protestations, lança de nouvelles Notes diplomatiques, mais sans succès.

Il était écrit que la France irait jusqu'au bout.

Les établissements commerciaux et industriels italiens de la Méditerranée venaient d'être déclarés pour la plupart en faillite; le monopole concédé aux établissements français du littoral jusqu'à la Tripolitaine, les avait ruinés.

De là, une violente inimitié du Gouvernement italien, qui, d'ailleurs, n'avait jamais vu sans une secrète irritation flotter le drapeau français en Tunisie.

Chose étrange, l'Allemagne seule ne disait rien. Les organes du Chancelier semblaient même traiter avec bienveillance l'agrandissement des comptoirs français.

Le Gouvernement allemand paraissait ne se préoccuper que d'une seule chose : la réforme sociale de l'Empire.

Mais, rien n'est plus perfide que l'eau qui dort!

M. de Bismarck, débordé par les idées progressistes, attendait le moment propice pour détourner les esprits de ces idées, qui menaçaient de ruiner sa toute-puissance, et pour les faire converger vers un but commun dont il comptait bien faire son profit. Il devait ainsi rester l'homme providentiel et nécessaire.

L'occasion cherchée ne devait pas se faire attendre.

Il y a dans l'histoire des peuples des coïncidences étranges : à certains moments, un événement en apparence insignifiant, d'atome se transforme en montagne immense dont les flancs couvent des révolutions sociales.

Un homme, un mot, moins que rien, suffit parfois à mettre l'étincelle à la mine, ou bien c'est un grain de sable qui, jeté dans la machine, en désorganise tous les rouages.

Le couteau de Ravaillac n'empêcha-t-il pas la fédération des Etats protestants?

Le mot de Bailly : « Nous sommes aujourd'hui ce que nous étions hier, » ne détermina-t-il pas la Révolution française.

Dans le même ordre d'idées, nous pouvons dire que l'attentat de Hermann contre l'Empereur Guillaume décida, en 1896, du sort de la France.

Grâce à lui, on devait bientôt pouvoir faire ce rapprochement singulier : En 1796, la France s'ouvrait la conquête du monde à Montenotte. A cent ans juste de cette date glorieuse, une bataille perdue la rayait du rang des grandes puissances.

On se rappelle que Hermann, après son attentat avorté, était parvenu à se soustraire à toutes les recherches et avait gagné Paris.

L'exécution des formalités requises pour l'extradition traînèrent tellement en longueur que le meurtrier eut le temps de prendre passage à bord d'un bâtiment en partance pour l'Amérique.

Cet incident fut le prétexte que M. de Bismarck cherchait depuis si longtemps.

Il mit le feu aux poudres.

Toute l'Allemagne tonna contre nous ; les événements du nord de l'Afrique furent dénaturés d'une façon telle que notre Gouvernement, pour sauvegarder sa dignité, se vit forcé de demander, non des explications, mais que le Gouvernement allemand intervînt et arrêtât les diatribes des journaux qui, forcément, s'ils continuaient à nous attaquer ainsi, amèneraient une rupture entre les deux pays.

M. de Bismarck nous attendait là. Violant tous les usages, il livra immédiatement le document diplomatique à la presse, faisant crier bien haut que les Français, dans leur esprit aventureux, cherchaient une revanche de 1870, et que cette note diplomatique avait tous les caractères d'un *ultimatum*, devant provoquer une rupture des relations; qu'enfin, c'était la France, une fois encore, qui déclarait la guerre et qu'il fallait s'en rapporter au sort des armes.

L'étonnement, en France, fut plus grand que l'émotion; jamais on n'avait pensé qu'une simple note diplomatique, motivée comme elle l'était par les provocations de la presse allemande, pût être dénaturée avec autant de perfidie et considérée comme un *casus belli*.

Notre Gouvernement, ne soupçonnant pas le danger qu'il courait, n'était nullement préparé; le nouveau ministère, depuis six semaines à peine au pouvoir, était pris à l'improviste; l'armée était désorganisée, car le Ministre de la guerre, ne voulant pas prendre toutes les forces qu'il devait envoyer en Afrique, dans les corps du sud de la France, les avait pris de droite et de gauche, c'est-à-dire à peu près dans tous les corps d'armée.

Néanmoins, on concentra immédiatement les troupes sur la frontière, la mobilisation suivit son cours normal, et on s'apprêta à mettre en pratique le plan depuis longtemps élaboré en prévision d'une guerre avec l'Allemagne.

Il est utile, croyons-nous, de démontrer ici, au point de vue technique, l'infériorité et les grands défauts de la mobilisation française, mobilisation créée par le général de Cissey en 1873.

D'abord, aucun essai de cette mobilisation n'avait été fait. Depuis 1874, on savait que l'Allemagne considérait comme une provocation tout essai de mobilisation d'ensemble.

Notre ambassadeur à Berlin à cette époque avait eu occasion de s'en convaincre par lui-même.

Il est évident, dès lors, qu'on n'avait jamais pu se rendre compte du fonctionnement régulier de cette organisation, autrement que sur le papier, et on sait combien il y a de différence entre les opérations conçues ainsi et le fonctionnement normal.

Mobilisation veut dire organisation prompte et préparée de toutes les forces dont dispose un État; à ce sujet, voici comment s'exprime le grand état-major allemand, dans son historique de la guerre franco-allemande de 1870 :

« *Lors des mouvements de début d'une armée*, dit-il, *les*
« *considérations militaires viennent se doubler des considéra-*
« *tions politiques et géographiques les plus multiples. C'est*
« *à peine si, dans tout le cours d'une campagne, il est possi-*
« *ble de réparer les fautes commises au moment de la con-*
« *centration primitive. Mais, toutes les dispositions à prendre*
« *peuvent être discutées de longue main, et, étant donné*
« *d'ailleurs que les troupes soient prêtes à entrer en campagne*
« *et que le service des transports soit organisé, elles doivent*
« *conduire au résultat cherché.*

« *Il en est tout autrement pour la stratégie, pour l'emploi*
« *des moyens d'action ainsi préparés, c'est-à-dire pour les*
« *opérations. Là, les dispositions primitives se heurtent*
« *bientôt aux dispositions librement arrêtées, d'autre part,*
« *par l'ennemi.* »

Les réflexions du grand état-major allemand sont des plus judicieuses et prouvent que l'organisation ou la mobilisation des armées sont la base essentielle de tout succès ultérieur.

Les problèmes de la stratégie ne sont que les corollaires de l'organisation; ils peuvent subir des modifications, comme le dit parfaitement le grand état-major allemand, car ils sont subordonnés aux mouvements de l'adversaire, tandis que la mobilisation doit être définitivement arrêtée, mûrie et mise en pratique longtemps à l'avance, si l'on veut qu'elle fonctionne d'une manière parfaite.

Tel n'était pas, en **1896**, le cas pour la France, dont l'organisation militaire péchait par plus d'un point.

Malgré les demandes incessantes des organes les plus autorisés de la presse militaire, le ministère de la guerre n'avait jamais voulu consentir à un essai intégral de mobilisation et de concentration d'un corps d'armée complet. Quoique ces deux importantes opérations eussent été réglées minutieusement sur le papier, on n'avait pu leur donner la sanction suprême de l'expérience; les exercices de détail mêmes, comme on le verra plus loin, avaient été fort négligés. Soit qu'on ait redouté d'éveiller les susceptibilités des puissances voisines, soit que les essais en question eussent semblé une charge trop lourde pour le budget, jamais les nombreux ministres qui se succédaient presque périodiquement tous les ans, n'avaient osé attacher ce redoutable grelot.

Il s'ensuivit que, malgré toutes les précautions prises, il y eut des déboires considérables, aussi bien dans l'arrivée des réservistes que dans la concentration des troupes. Un grand nombre de trains ne purent partir non seulement à l'heure, mais encore au jour voulu. Trop chargés pour les rampes qu'ils avaient à franchir, d'autres durent rester en détresse. Il en résulta des désordres effroyables que ne purent conjurer les efforts désespérés des Compagnies de chemins de fer et de la Commission supérieure militaire chargée des transports. Les chemins de fer sont, en effet, un organe si délicat que, pareils à un mouvement d'horlogerie, un grain de sable suffit pour en interrompre le fonctionnement. Aussi, tout cet échafaudage si laborieusement élevé s'écroula-t-il, faute d'avoir subi les épreuves nécessaires, et les désordres qui avaient marqué la concentration de 1870 se renouvelèrent presque littéralement et sur une échelle bien plus vaste.

Au point de vue administratif, le vice gisait dans les régiments eux-mêmes. — En voici la preuve :

L'unité de combat dans un régiment est, pour l'infanterie, la *compagnie;* pour la cavalerie, l'*escadron;* pour l'artillerie, la *batterie.*

Un régiment de cavalerie se compose de cinq escadrons. Les quatre premiers constituent le régiment dit *de campagne*, et sont appelés *escadrons de guerre.* Le cinquième escadron forme le dépôt et sert à combler les vides faits dans les escadrons de guerre, à recevoir, habiller et armer les réservistes, et à compléter le régiment de marche.

Un escadron sur le pied de guerre compte :

Officiers.		Troupe.	
2 capitaines.		Maréchal des logis chef	1
2 lieutenants.		Maréchaux des logis	6
2 sous-lieutenants.		Maréchal des logis fourrier	1
1 sous-lieutenant de réserve.		Maréchaux des logis de la réserve	2
7		Brigadier-fourrier	1
		Brigadiers	13
Chevaux d'officiers	9	Brigadiers de la réserve	4
— de troupe	136	Trompettes	4
	145	Cavaliers	105
		Hommes à pied	17
			154

En cas de mobilisation, voici comment les choses se passent :

D'abord, aucun mouvement ne peut être opéré avant que la mobilisation générale n'ait été votée par la Chambre des députés, sanctionnée par le Sénat et décrétée par le Président de la République.

Le gouvernement, par les soins des Ministres de la guerre et de l'intérieur, fait afficher dans toutes les villes et communes l'ordre de mobilisation, variable suivant la position des communes, c'est-à-dire suivant les régions et subdivisions militaires dont ces communes font partie.

Les généraux commandants de corps d'armée sont immédiatement appelés à Paris pour prendre part au Conseil des généraux commandant en chef, laissant à leurs chefs d'état-major le soin de veiller aux préparatifs, si longs et si difficiles, d'une armée se composant de près de cinquante mille hommes; de veiller également à ces *impedimenta* qui, malgré les réductions opérées par les Ministres Niel et de Cissey, sont encore excessivement nombreux.

L'absence du général en chef est désastreuse, quoique son chef d'état-major doive être en parfaite communion d'idée avec son supérieur direct, le dépositaire et le confident, non seulement de ses actes, mais aussi de ses pensées. Malheureusement, il n'a jamais le même ascendant sur les généraux commandant les différentes troupes, et, quoiqu'il agisse au nom du chef, il ne peut tout faire dans un moment aussi critique, à cause de la multiplicité même des services qu'il est appelé à surveiller.

C'est au général en chef à s'assurer *de visu* que ses ordres ont été exécutés avec ponctualité; plus que tout autre, il doit possèder le coup d'œil qui distingue un chef d'armée.

Les commandants de corps, c'est-à-dire les généraux de division, les brigadiers et les colonels, sur un avis du Ministre de la guerre, prennent connaissance *des ordres secrets* de mobilisation, que tous ces officiers détiennent depuis de longues années, mais cachetés, et qu'ils présentent tous les ans aux généraux inspecteurs.

Voici, en quelques mots, l'ordre de mobilisation arrivé à sa première période. Voyons son exécution.

C'est à l'aide de l'armée active même que la mobilisation française se fait; et ce n'est pas là un de ses moindres défauts, puisque, sous prétexte d'organiser, elle commence par désorganiser l'armée active au moment de son entrée en campagne.

Nous le prouvons.

Nous avons noté plus haut l'effectif sur pied de guerre d'un escadron de cavalerie, nous allons continuer sur cet exemple.

Sitôt l'ordre de mobilisation reçu, deux officiers, trois sous-officiers, quatre brigadiers et souvent davantage, vont, à divers endroits de la région militaire, chercher et faire partir, à des jours et des heures déterminés, les hommes de la réserve et de la territoriale, ainsi que les chevaux réquisitionnés et désignés tous les ans, par une Commission spéciale; ils sont chargés de diriger les hommes sur le chef-lieu de corps d'armée ou ses subdivisions.

Il en est de même pour l'infanterie, l'artillerie et tous les corps.

Voilà donc un escadron qui n'était pas complet et qui avait été forcé de combler ses vides de cadres et d'hommes par l'entremise du cinquième escadron, privé dès l'abord de sa plus grande force, c'est-à-dire d'une partie de ses cadres, qui ne rentreront qu'un jour ou deux avant l'entrée en campagne, si ce n'est le jour même (*en admettant que tout ait marché d'une manière parfaite*). Cet escadron, privé de sa partie la plus homogène, de la partie dirigeante, est obligé d'avoir recours aux officiers et sous-officiers restants, qui sont ainsi appelés à surveiller les apprêts d'hommes qu'ils ne connaissent qu'imparfaitement, ne les ayant pas eus sous leurs ordres; ils ne peuvent, par conséquent, connaître la partie faible de l'équipement, de l'habillement, de l'armement, du harnachement, etc., comme les officiers et sous-officiers qui les voient chaque jour et qui doivent connaître ce qui manque à chacun de leurs hommes.

Question de détail, dira-t-on; mais c'est justement par là que nous péchons; c'est par le détail que l'armée allemande nous a toujours été si supérieure.

Les Allemands procèdent d'une façon beaucoup plus pratique et bien plus simple. En effet, dès que l'ordre de mobilisation a été affiché, les hommes de police ou les gardes-champêtres, préviennent tous les hommes mobilisables — dont ces agents ont la liste — d'avoir à se rendre, au jour et à l'heure indiqués, au « *Stamm* » du canton.

Les *Stamm* sont des dépôts disséminés, composés d'une dizaine d'hommes seulement, sous les ordres d'un sous-officier.

Le chef du *Stamm* est chargé, en cas de mobilisation, de recevoir les mobilisés et de les diriger sur le chef-lieu de la province, où ils sont incorporés dans les régiments dont ils font partie.

Les régiments, augmentés d'abord des mobilisés, puis des soldats des *Stamm*, sont à leur tour dirigés sur le lieu de concentration désigné à l'avance par les soins du grand état-major (service des étapes).

Cela est simple, net et rapide.

Mais que cette digression ne nous fasse pas perdre de vue les observations que nous inspire l'organisation militaire de la France lors des événements de 1896.

Dans cette organisation, c'est le 5e escadron qui comble les vides des escadrons de guerre, la chose est fort régulière, quant aux hommes et même aux cadres, car les hommes d'un même régiment recevant la même instruction, c'est une simple mutation, rien de plus.

Quant aux chevaux manquants — question des plus sérieuses — cette lacune ne peut être comblée par le 5e escadron.

L'effectif d'un escadron de guerre, ainsi que nous l'avons vu, est de 136 chevaux de troupe; l'effectif normal, en temps de paix, dépasse rarement 100, quand il atteint ce chiffre; le régiment possèdera donc 400 chevaux; de ce nombre, il faut défalquer les chevaux impropres à une campagne, soit à cause de leur âge, soit par suite de maladie, accident, etc. Prenons, pour ces différentes catégories, 10 % (le chiffre vrai serait plus fort); il ne reste donc plus que 90 chevaux sur 136, d'où une différence de 46 par escadron; 46 multiplié par 4 pour le régiment, donne 184, plus 5 chevaux à l'usage des officiers de la réserve, soit un déficit de 189 chevaux.

Le 5e escadron ne possède que les chevaux de ses cadres et ceux proposés pour la réforme, il ne peut, par conséquent, livrer les 189 chevaux manquants.

Reste la remonte du régiment, dépendant du 5e escadron. Il arrivera que les effectifs de chevaux seront pris dans la remonte, c'est-à-dire, des chevaux de 3, 4 et 5 ans au plus, tous non dressés (puisque le dressage ne commence dans les régiments qu'à 5 ans).

Ces jeunes chevaux sont accoutumés à la bonne nourriture, aux soins, nullement aux fatigues, surtout à celles de la guerre; il arrivera qu'au bout de quelques étapes ou d'une pointe en campagne, ils seront momentanément inutilisés, et ne pourront plus fournir les services qu'on leur demande, si même ils se prêtent aux manœuvres, auxquelles ils ne sont pas habitués.

Voilà un point capital, et cela pour une arme spéciale, appelée à de si grands et si durs travaux dans les nouvelles combinaisons tactiques, et pour une arme que le général de Brack surnommait « l'œil de l'armée ».

Le même fait se représente pour l'artillerie; inutile d'insister sur un point aussi fondamental, chacun en comprend l'importance.

Question de détail! hélas!.....

L'escadron allemand sur pied de guerre présente, lui, un effectif de 300 hommes. Il n'y a pas, comme en France, d'escadron de dépôt fixe, on tire au sort celui qui formera cet escadron, qui lui-même, à un moment donné, peut immédiatement partir et former un escadron de marche.

Les vides causés par les chevaux impropres à une campagne ou manquants sont comblés par des chevaux appartenant aux civils et désignés à cet effet par une Commission spéciale. Ces chevaux subissent annuellement différentes périodes d'instruction.

Il en est de même pour l'artillerie, le train, etc.

C'est une lacune que l'on est encore à remplir en France.

Autre chose, maintenant.

Pour la prompte concentration des forces d'un pays sur un point désigné, il ne suffit pas seulement d'avoir des moyens de transport et des routes stratégiques, il faut encore que les troupes aient été préparées à cette concentration et qu'elles aient le temps moral de l'accomplir.

Citons encore l'ouvrage du grand état-major allemand sur la guerre de 1870 :

« *C'est une erreur*, dit-il, *de supposer qu'il soit possible* « *d'employer les chemins de fer pour concentrer une armée* « *avec ordre et précision*, *si tout n'a d'abord été préparé* « *très complètement et avec le plus grand soin...* »

Prenons toujours l'escadron comme exemple :

Une fois par mois, un escadron exécute des embarquements en chemin de fer, deux mois de suite *à quai*, c'est-à-dire, l'entrée des wagons étant au niveau du quai d'embarquement, opération simple et facile, qui ne demande que 20 minutes pour 100 chevaux. Tous les trois mois, on fait l'exercice d'embarquement en pleine voie, exercice pénible pour les hommes, qui sont forcés de mouvoir une longrine très lourde à bout de bras; cet exercice est très long, il dure de 50 à 60 minutes au minimum pour 100 chevaux.

Ces exercices, très pénibles pour les hommes, ennuient souvent bien davantage les officiers eux-mêmes, qui, sitôt arrivés, remettent le commandement aux sous-officiers et s'en vont à l'écart converser entre eux : on se dépêche, on escamote les mouvements, et le maréchal des logis chef, qui vient *prendre les heures* des diverses opérations de l'embarquement — heures qui doivent être relatées dans un rapport spécial adressé à la brigade et transmis par la voie hiérarchique au Ministre de la guerre, — s'entend parfois dire par le *capitaine commandant :* « Oh! ça m'ennuie; vous marquerez ça... *à l'œil!* » (Textuel).

Pendant quatre ans que l'auteur a assisté aux différents services d'embarquement, il n'a jamais aperçu un officier supérieur venant contrôler l'exécution des ordres ministériels.

Une fois, pourtant, le général commandant la brigade vint assister, ***en bourgeois***, à un service d'embarquement de nuit; on sut plus tard que ledit général était venu à la gare pour s'assurer si sa femme ne partait pas avec son officier d'ordonnance. Le général, vieux et podagre, ayant eu la preuve du contraire, l'escadron qui embarquait reçut le lendemain une gratification d'un quart de vin, « pour remettre les hommes de leurs fatigues et les récompenser de la régularité de leurs manœuvres. » (Authentique).

Nous nous bornerons à ces quelques critiques sur les vices de la mobilisation française, qui eurent une si funeste influence sur la marche des opérations en 1896.

CHAPITRE IV

Voici quelles étaient, en 1896, les forces militaires de la France :

Armée active	897,875
Réserves	450,000
Armée territoriale	479,100
Réserves	320,000
	2,146,975

C'était donc un effectif de plus de deux millions de combattants, sans compter la marine et les différents services, tels que : administration, hôpitaux, télégraphistes, etc.

L'armée active comptait 2,736 pièces d'artillerie, toutes se chargeant par la culasse et dont la portée *maxima* atteignait, pour certains modèles, jusqu'à 10,000 mètres; malheureusement, toutes ces pièces n'étaient pas du même modèle, c'est ainsi que dans le même régiment on voyait figurer les pièces suivantes :

70^{mm} en bronze ;
80^{mm} acier (système Reffye);
80^{mm} acier (système Lahitolle) ;
90^{mm} acier (système définitivement adopté);
94^{mm} acier;
95^{mm} acier.

Tous ces modèles possédaient une grande justesse de tir et une grande portée, mais, avaient le défaut d'être d'un diamètre différent, de sorte que les projectiles des uns ne pouvaient naturellement servir pour les autres.

Cela devait causer par la suite de graves inconvénients pour les approvisionnements des parcs. (On a vu des batteries venir s'approvisionner aux parcs et ceux-ci ne pas posséder les projectiles du diamètre des pièces).

Quant à l'artillerie de l'armée territoriale, elle ne comportait que les quelques pièces de 4 se chargeant par la bouche et qui n'avaient pas été prises par les Allemands en 1870-71, servant alors, dans les régiments d'artillerie de l'armée active, aux conscrits qui apprenaient avec ces pièces la *conduite des voitures;* encore chaque régiment d'artillerie territorial ne possédait-il que deux batteries de ces sortes de pièces, soit 12 canons par régiment.

CHAPITRE V

L'éminent Président de la République, sur qui reposaient pour la seconde fois les destinées de la France, était parvenu par son travail incessant, son énergie et surtout sa foi patriotique, à combler bien des lacunes; malgré les défectuosités et l'infériorité patente de l'organisation française, il avait réussi à former trois armées puissantes sur les points étudiés d'avance par l'état-major général français, plus deux armées de réserve, l'une à Tours, l'autre sur les Pyrénées.

L'armée française, dans sa concentration rapide et malgré les obstacles que nous avons signalés, n'avait eu que *dix-huit heures* de retard sur les formations allemandes, si bien organisées, si bien outillées pourtant.

Les commandements des trois premières armées avaient été distribués comme suit :

Ire armée (dite du Nord) : Général Clamezel, qui s'était illustré dans la guerre de **1870-1871** ;

IIe armée (dite du Centre) : Général Charnat, commandant supérieur des armées françaises. — Le général Charnat était tout jeune et, pour ainsi dire, inconnu. Homme de guerre d'un grand mérite, il s'immortalisa dans cette campagne, où il fut si brave, si savant et si malheureux à la fois.

IIIe armée (dite du Sud) : Cette armée fut, à tort, confiée à un vieux serviteur, brave comme son épée, mais incapable de commander à une aussi grande masse d'hommes. Nous voulons parler du maréchal Magellan. En faisant ce choix, on avait sacrifié à l'opinion publique.

Comme, dans les conseils supérieurs, il avait été démontré impossible d'empêcher les Allemands d'entrer en France, on s'était étudié à former, entre le Luxembourg et la Suisse, une ligne défensive qui empêchât les Allemands d'aller plus loin et servît à les enfermer, en les coupant des Vosges.

Le plan était hardi, bien conçu, et mettait à profit la seule chance possible de succès. Il eût pleinement réussi sans l'infernal génie du Chancelier allemand.

Quoi qu'il en soit, voici, au quinzième jour de la centralisation des troupes, quelles positions occupaient les armées françaises :

ARMÉE DU SUD.

Général commandant en chef : Maréchal Magellan.

Quartier-général : Besançon.

Réserve : Un corps en formation à Lyon.

Division en corps d'armée (1) : Quatre corps, à savoir :

7e *corps*. — Occupant les lignes Vesoul-Besançon et Besançon-Jussey.

(1) Chefs-lieux des corps d'armée en temps de paix :

7e	corps.	Besançon.	9e	corps.	Tours.
8e	—	Bourges.	11e	—	Nantes.
12e	—	Limoges.	13e	—	Clermont-Ferrand.
14e	—	Grenoble.	1er	—	Lille.
6e	—	Châlons-sur-Marne.	2e	—	Amiens.
4e	—	Le Mans.	3e	—	Rouen.
5e	—	Orléans.	10e	—	Rennes.

8e *corps.* — Occupant la ligne Hortes-Neuilly-l'Evêque.

12e *corps.*— En réserve à Langres.

14e *corps* dit *corps d'observation.* — Occupant la vallée de l'Oignon et la ligne Montbéliard-Audincourt-Morvillars-Delle. Ce corps devait opérer ultérieurement un mouvement offensif par la trouée de Belfort (Cette trouée présente un passage en plaine de plusieurs kilomètres de largeur).

ARMÉE DU CENTRE.

Général, commandant en chef les forces françaises : Charnat.

Quartier général. Châlons-sur-Marne, tête de ligne stratégique des voies ferrées suivantes :

1o Paris-Châlons (chemin de fer de la Marne);

2o Paris-Sens-Troyes-Châlons ;

3o Paris-Soissons-Reims-Châlons.

Division en corps d'armée. Six corps, savoir :

6e *corps.* — Réserve générale à Châlons-sur-Marne.

4e *corps.* — Aile droite à Chaumont. Ligne de bataille : plateau de Nogent-le-Roi, sur les bords de la Traire.

5e *corps.* — Andelot, Joinville-en-Vallage, Ancerville.

9e *corps.* — Saint-Dizier (1re réserve de l'armée du Centre).

11e *corps.* — Centre proprement dit de l'armée française, occupant le plateau compris entre l'Aisne et la Chée, à Vaubécourt et Bauzée.

13e *corps.* — Aile gauche. Montfaucon, Varennes-en-Argonne, Clermont-en-Argonne. Ligne de défense : la rivière l'Aire.

ARMÉE DU NORD.

Général commandant en chef : Clamezel.

Base d'opération et ligne de retraite : Le quadrilatère du Nord.

Quartier général : Réthel.

Division en corps d'armée : Quatre corps, à savoir :

1er *corps.* — Aile droite. Grand-Pré, Buzancy.

2e *corps*. — Centre. Le Chêne-Vendresse.

3e *corps*. — Aile gauche. Beaucourt-Mouzon-Carignan.

10e *corps*.—En observation à Montmédy, prononçant, en cas de succès, son mouvement concentrique.

L'armée était couverte et éclairée par la cavalerie indépendante (1) (32 régiments) formant rideau pour dissimuler les mouvements et devant immédiatement prendre le contact avec l'ennemi. Quartier général de la cavalerie indépendante à Neufchâteau.

Le 15e corps, qui se trouvait à Lyon, devait, en cas de succès, être dirigé sur le 14e et former avec lui une armée d'invasion qui passerait par le Grand-Duché de Bade.

Le 16e corps, avec les réserves de l'Ouest, à Tours; les 17e et 18e corps, en observation à Toulouse, Tarbes et Foix, pour surveiller la frontière espagnole.

Les Espagnols s'étaient montrés si irrités des événements du nord de l'Afrique, qu'on avait craint une démonstration armée du côté des Pyrénées.

Ce n'était pas de ce côté que devait venir la diversion sur laquelle comptait M. de Bismarck.

Le plan français offrait ceci de remarquable que, ne pouvant empêcher les Allemands d'entrer en France, il lui opposait, par ses points de concentration, une barrière, pour ainsi dire, infranchissable. En second lieu, étant donné la réussite des 10e et 14e corps dans leur

(1) On appelle *cavalerie indépendante* ou mieux *de 1re ligne*, 32 régiments en garnison à Paris et ses environs, à Lyon et sur la frontière de l'Est. Ces régiments ne relèvent que du commandant en chef des armées. En temps de paix, ils sont constamment mobilisés et prêts, nuit et jour, à entrer en campagne. Dès qu'une mutation se produit dans un escadron de guerre, elle est comblée par le 5e escadron, le jour même, tant en hommes qu'en chevaux. L'escadron du dépôt a toujours un effectif suffisant pour cela. C'est cette organisation que nous voudrions voir adopter pour toute l'armée.

mouvement concentrique, les Allemands pouvaient être coupés de leur ligne de communication et renfermés dans un immense cercle de fer.

Voici maintenant quelles étaient les positions des armées allemandes, conduites par le comte de Waldersee, élève et successeur du maréchal de Moltke.

Pour leur concentration rapide, les Allemands disposaient des voies ferrées stratégiques suivantes :

1° Berlin, — Hanovre, — Cologne, — Bingerbruck, — Neunkirchen, — Saarbruck, — Metz ;

2° Leipzig, — Kreiensen, — Mosbach ;

3° Berlin, — Halle, — Cassel, — Francfort, — Mannheim, — Hombourg, — Metz ;

4° Dresde, — Bebra, — Fulda, — Castel, — Saarbruck ;

5° Posen, — Görlitz, — Leipzig, — Würtzbourg, — Mayence, — Landau ;

6° Münster, — Düsseldorf, — Cologne, — Coll, — Saarlouis ;

7° Augsbourg, — Ulm, — Bruchsal ;

8° Nordlingen-Crailsheim-Meckesheim ;

9° Würtzbourg, — Mosbach, — Heidelberg, — Carlsruhe, — Mulhouse ;

10° Mulheim, — Mulhouse.

Comme on le voit, l'Allemagne disposait de dix grandes artères stratégiques partant du Nord, de l'Est et du Sud et convergeant vers l'Ouest.

Voici, d'autre part, l'état des forces allemandes en 1896 :

	Hommes.
Prusse et États du Nord	1,782,000
Bavière	228,000
Wurtemberg	72,000
Grand-Duché de Bade	69,500
Effectif total	2,151,500

Ce chiffre comprend l'armée active et la *landwehr*.

Restait le *landsturm*, réservé pour la garde des forteresses.

Les forces allemandes étaient divisées en six armées d'invasion et deux armées de réserve en formation à Magdebourg et Leipzig.

Voici maintenant l'emplacement des six armées allemandes :

Ire armée, de Colmar à Mulhouse;
IIe armée, à Strasbourg ;
IIIe armée, à Sarreguemines ;
IVe armée, à Metz ;
Ve armée, à Sainte-Marie-aux-Mines;
VIe armée, à Mayence.

Ces armées étaient sous le commandement nominal du vieil Empereur Guillaume, mais sous celui effectif du chef d'état-major général, comte de Waldersee.

Les IIIe et IVe armées devaient se réunir à Pont-à-Mousson ; les IIe et Ve devaient marcher sur Saint-Dié et Épinal ; la Ire marcherait sur Massevaux et Giromagny, au nord de Belfort, ayant pour objectif Vesoul.

Nous n'entreprendrons pas de faire le récit détaillé de cette campagne; qu'il nous suffise d'en décrire les mouvements les plus importants.

Disons tout de suite que sans les calculs de M. de Bismarck, le plan allemand aurait donné raison aux conceptions de l'état-major général français.

Pendant que deux corps d'armée surveillaient les Pyrénées, par crainte d'un mouvement espagnol, l'Italie dénonçait à l'improviste un traité d'alliance offensive et défensive avec l'Allemagne, réclamant les Alpes-Maritimes, la Savoie et la Corse. Joignant l'action à la menace, elle faisait avancer une armée de

140,000 hommes, qu'elle avait secrètement concentrée à Coni, prenant les mêmes routes que Bonaparte avait indiquées un siècle plus tôt.

Il fallut faire face à ce nouvel ennemi, et la IIIe armée française (dite du Sud), sous les ordres du vieux maréchal Magellan, descendit la vallée du Rhône pour s'opposer au passage des Italiens.

Ce mouvement, qui n'avait pas été prévu assez nettement par le plan général et détruisait toute son économie, devait avoir des conséquences funestes pour les armes françaises, car il laissait à la Ire armée allemande le passage libre. Elle en profita pour marcher sur Montigny, que les Français défendaient contre la IVe armée impériale et, les surprenant à la tombée du jour, décida contre eux d'une journée dans laquelle, jusque-là, ils avaient été vainqueurs.

Cette victoire livra aux Allemands les plaines de la Marne, et les armées françaises se retirant sous Paris, comme en septembre 1870, toutes les forces allemandes se concentrèrent sur ce point, à l'exception de la Ire armée.

Celle-ci descendit à son tour la vallée du Rhône, à la poursuite du maréchal Magellan, qui, après un grand succès sur les Italiens, était sur le point d'envahir le Piémont.

Mais, pris en tête par l'armée du roi Humbert et en queue par les Allemands du feld-maréchal Von Manteuffel, le vieux maréchal français fut forcé de se rendre, après la bataille sanglante et désespérée de Pujet-Théniers.

Pendant ce temps, la VIe armée allemande, jusqu'alors en observation à Mayence, avait franchi le Rhin, était venue mettre le siège devant Belfort et, continuant son mouvement, avait passé les monts de la Côte-d'Or ; elle

4

débarquait ainsi dans le bassin de la Loire, venant s'opposer à l'armée de Tours.

Le feld-maréchal Von Manteuffel, après la bataille de Pujet-Théniers, s'était rabattu sur le littoral, entrait à Marseille et frappait la vieille cité phocéenne d'un impôt de guerre de 500 millions.

C'est à ce moment que, travaillés par les émissaires de M. de Bismarck, les Bouches-du-Rhône, l'Hérault, la Dordogne, le Gard, la Drôme, la Gironde, la Haute-Garonne, les Landes, le Lot-et-Garonne résolurent de se former en États indépendants de France, proclamant le principe de la décentralisation du pouvoir.

En même temps, les armées sous Paris livraient des combats de géants, mais, accablées par la supériorité numérique des Allemands, elles se voyaient, vers la fin de septembre, dans l'obligation de capituler.

Paris, malgré le coup d'État des départements du Midi, n'en était pas moins la tête de la France, et le Gouvernement, après les défaites complètes et successives des armées de Châlons et de Paris, avait dû songer à entrer en négociations avec l'Allemagne.

Moment plein d'angoisse!

On se souvenait des charges énormes imposées au pays à la suite des désastres de 1870-71. Qu'allaient donc être les conditions de paix en 1896, alors que l'Allemagne connaissait les ressources inépuisables de la France, dont le Prince-Chancelier disait, dans ses moments d'épanchement intime : « *Frankreich ist Deutschlands Milchkuh!* » (La France est la vache à lait de l'Allemagne).

On ne le sut, malheureusement, que trop tôt !

Ces conditions, les voici :

A l'Allemagne.

« *Cession* du territoire comprenant Belfort, Vesoul, Langres, toute la rive droite de la Marne jusqu'à Vitry ; puis, au Nord, Clermont-en-Argonne, Dun, Stenay, Montmédy; en d'autres termes, le département des Vosges, une partie de la Haute-Saône et de la Haute-Marne, et presque toute la Meuse. »

A l'Italie.

« *Cession* du comté de Nice, de la Savoie, de la Corse et de la Régence de Tunis. »

Dispositions générales.

« Décentralisation de Paris, la France étant divisée en provinces se régissant elles-mêmes, sous le nom d'États-Unis de France.

« Chacun de ces États envoyant au Conseil fédéral un nombre déterminé de représentants, ceux-ci ne pouvant prendre une résolution concernant la France qu'à une majorité plénière des deux tiers (ce qui n'était, en somme, que l'application du fameux programme des intransigeants fédéralistes, qui, depuis deux ans, faisait tant parler de lui).

« Élection d'un Président des États-Unis de France, élu pour deux ans et par vote plébiscitaire, ce magistrat n'ayant d'autre fonction que de faire exécuter les décisions du Conseil fédéral.

« Élection immédiate suivant la loi actuelle des députés, ayant des pouvoirs réguliers pour voter la paix et faire exécuter les délimitations des nouveaux États-Unis de France.

« Délai de trois mois accordé à cette Assemblée pour ses travaux et l'étude de la nouvelle Constitution ; sa dissolution de droit après le vote.

« L'Algérie formant une province des États-Unis de France et jouissant des mêmes droits et prérogatives que les autres provinces.

« Remise à l'Allemagne de la moitié de la flotte française, dans les ports de Kiel, Düppel et de la Jade.

« Indemnité de guerre, à l'Allemagne : neuf milliards; à l'Italie : deux milliards.

« Transfert à l'Allemagne des contrats passés à Cuba pour les tabacs de la Havane, moyennant une somme de deux milliards à payer par l'Allemagne et venant en déduction des contributions de guerre. (La Régie française, qui vivait sur ces marchés, avait produit 320 millions en 1881 et 407 millions en 1895).

« Occupation immédiate des points et territoires désignés dans le paragraphe des *cessions*.

« Occupation des forts de la ligne de ceinture de Paris.

« Occupation, par les troupes allemandes, de la rive gauche de la Seine dans Paris, jusqu'au payement des deux premiers milliards, cette mesure étant déclarée nécessaire pour assurer l'accomplissement du traité et prévenir tout désordre ultérieur.

« Occupation du Havre, de Tours et du Mans ; l'évacuation des points sus-nommés devant avoir lieu en même temps que celle de Paris.

« Contribution de guerre à fixer ultérieurement pour l'entretien des troupes d'occupation.

« Abandon à l'Allemagne des ports tunisiens de Bizerte, Gabès et Sfax ; cette remise se faisant par les soins du Gouvernement italien.

« Réduction de l'armée permanente à 250,000 hommes, y compris les troupes des Colonies. »

Telles étaient les conditions de paix imposées par l'Allemagne et l'Italie.

Lorsqu'elles furent connues, elles parurent si insensées que l'on crut à une sinistre plaisanterie plutôt qu'à une conception ayant quelque réalité.

La chose n'était pourtant que trop réelle, et, s'il y avait plaisanterie, c'était une plaisanterie à la Bismarck. Le Prince ne pouvait rire à l'aise que sur l'écrasement total de la France.

Jamais le *Væ victis !* n'avait été appliqué avec une telle rigueur.

Aussi, l'explosion d'indignation et de colère qui retentit en France fut-elle terrible !

Tous les départements non occupés crièrent : « Guerre à outrance plutôt qu'une telle paix ! »

« Disparaisse la France, disparaisse le dernier Français, plutôt que de signer une pareille infamie ! » s'écriaient les journaux de province.

« Aux armes ! » criait-on d'un bout de la France à l'autre. « Aux armes ! Que chaque habitant se retranche dans sa maison et se défende ! Que chaque haie recèle un coup de feu pour l'envahisseur ! »

D'autres parlaient de brûler le pays pour y ensevelir les Allemands, ainsi qu'en 1525, le maréchal de Lautrec avait fait en Provence, opposant une muraille de feu aux lansquenets et aux reîtres de Charles-Quint.

Il en était même qui, affolés, proposaient d'abandonner la France, d'aller, avec la flotte, en Algérie et en Tunisie, défiant le monde entier !

Hélas ! toutes ces paroles enflammées, toutes ces colères indignées, ne pouvaient rien devant l'épuisement actuel de la France, devant sa désorganisation intérieure, et surtout contre les mesures implacables et si bien prises du Chancelier de Fer.

Que faisait pendant ce temps l'Europe ?

L'homme probe, le magistrat intègre, le Sage, — surnom mérité du Président de la République, qui s'était retiré devant un homme que la France appelait au pouvoir, — imitant un illustre exemple, parcourait les grands États pour implorer l'intervention des puissances étrangères.

L'Angleterre, comprenant un peu tard qu'elle eût dû intervenir, dans son propre intérêt, tenta d'obtenir que l'Allemagne accédât à un congrès qui déciderait du sort de la France.

L'idée première de cette démarche naquit du jour où l'Allemagne demanda la moitié de la flotte française. Il était facile de prévoir que si elle possédait une telle force maritime jointe à la sienne, elle ne tarderait pas à être maîtresse de la mer du Nord, de la Baltique, et qui sait ? d'autres mers, puisqu'elle allait prendre possession de Bizerte, Gabès et Sfax.

Quant à la Russie, elle se débattait entre deux factions qui la divisaient : d'un côté, les Chambres, élues par les cantons ; de l'autre, l'Impératrice - Régente, qui, avec une énergie surhumaine, s'efforçait, non pas d'enrayer la Révolution, mais de la guider, fût-ce jusque dans ses dernières conséquences, afin de conserver sur la tête de son fils la couronne sanglante des Romanow.

La Russie avait donc trop à faire chez elle pour intervenir efficacement en faveur de la France.

L'Autriche, scindée en trois parties bien distinctes et antipathiques les unes aux autres (ses provinces allemandes, ses provinces hongroises, ses provinces slaves), n'en cherchait pas moins à s'agrandir aux dépens de la Turquie. Elle avait donc tout intérêt à ménager l'Allemagne qui, sous le manteau, l'encourageait dans ses aspirations.

Elle non plus ne pouvait s'occuper de la France.

L'Angleterre vit donc ses propositions repoussées par l'Allemagne, bien au fait de ce qui se passait sur le Continent. Le Gouvernement anglais dut se résigner à garder une attitude expectante, se mordant les doigts d'avoir laissé les événements aller si loin. D'ailleurs, il ne pouvait rien, toutes les forces vitales de l'Angleterre étaient concentrées dans les Indes, soulevées par les Afghans; et déjà, à plusieurs reprises, les armées britanniques y avaient subi de graves échecs.

L'Europe ne pouvant ou ne voulant rien faire, la France fut obligée de passer sous les fourches caudines et de subir la loi du plus fort.

Quel fut le résultat de cette annihilation de la France? C'est ce que le chapitre suivant indiquera en relatant les événements qui amenèrent la conquête de la Néerlande et de la Belgique.

CHAPITRE VI

La paix de Paris, signée en 1897, avait totalement rompu l'équilibre européen au profit de l'Allemagne. Les nouveaux territoires conquis, joints aux anciens États de la Confédération germanique, faisaient de l'empire une puissance colossale.

Cette grandeur même, cette force, le sentiment de la toute-puissance de ce nouveau *Saint-Empire*, devaient tout naturellement agir sur les esprits des Allemands eux-mêmes.

Ils devaient désormais se croire tout permis et par une suite naturelle des choses, la juste pondération de leurs idées devait se perdre.

Des milliards d'or étaient entrés en Allemagne dans les caissons de l'armée.

Durant la guerre, vivant en maîtres en France, les Allemands de la nouvelle génération s'étaient frottés aux côtés brillants et luxueux de la vie française.

Ce que les Français faisaient et pouvaient faire naguère, grâce à l'état si florissant de leur commerce et de leur industrie, les Allemands le voulurent faire aussi.

Leurs goûts simples, leur sobriété *proverbiale*, leur esprit laborieux et patient, tout cela disparut rapidement après la guerre.

Dans les campagnes, des idées de bonne vie, de chère plantureuse et moins grossière, s'étaient introduites jusque dans les plus humbles villages.

N'était-on pas riche!
Les milliards n'étaient-ils pas là!

Dans les villes où, avant la guerre, la corruption était déjà si grande, on voulut copier les vices de Paris, mais dépouillés de tous leurs raffinements, qui sont presque leur excuse.

Le plaisir était partout; il en fallait, n'en fût-il plus au monde!

N'était-on pas riche!
Les milliards n'étaient-ils pas là!

Ces idées, ces mœurs, ces goûts, ces besoins nouveaux demandaient, pour être satisfaits, de l'argent, de l'argent sans cesse, de l'argent toujours.

De là cet effrayant esprit de spéculation qui sembla envahir toutes les classes de la société.

Un vent d'erreur et de folie paraissait avoir soufflé sur l'Allemagne.

Dans les sphères gouvernementales elles-mêmes, on méconnaissait plus que jamais les grandes lois économiques, sacrifiant les intérêts matériels de la nation à cette folie d'agrandissement qui — tout le monde le sentait — n'était pas encore assouvie.

Malgré les dures leçons du passé, rien n'avait pu faire

renoncer M. de Bismarck à son désastreux système de protection à outrance. Mieux que personne, il avait pu voir ce que son obstination coûtait à son pays ; mais, les grands hommes voient toujours plus loin que les simples mortels, et M. de Bismarck avait la prétention — justifiée, du reste — d'être le plus grand des Allemands.

A l'instant nous verrons où le Chancelier visait.

Aux frontières de l'Allemagne, deux nations dont la race n'avait rien de germanique, vivaient en paix, laborieuses, prospères, florissantes.

Aux yeux de M. de Bismarck, ces deux pays avaient le tort immense de compter parmi leurs cités : Anvers, Rotterdam, Amsterdam, et de pratiquer libéralement et dans son acception la plus large, le libre-échange.

Anvers, Rotterdam, Amsterdam, voilà le but que convoitait le Prince-Chancelier, le libre-échange pratiqué par la Belgique et la Hollande devait lui servir de moyen, de prétexte tout au moins, pour arriver à ses fins. Quoi de plus facile pour un grand esprit comme le sien, armé de toutes les forces d'un empire gigantesque, que de démontrer combien l'obstination des Belges et des Hollandais, sous le rapport économique, était préjudiciable matériellement aux intérêts allemands, et de voir dans cet antagonisme commercial un antagonisme politique, une sorte d'attaque sourde contre les forces vitales de l'Allemagne?

Le prétexte était bon, et comme, depuis la prise de possession de la flotte française, il fallait à tout prix à l'Allemagne et des ports et des populations maritimes, ce prétexte, il s'en servit.

Les traités de commerce de l'Allemagne avec les Pays-Bas et la Belgique devaient expirer en 1899.

Dès le début de cette année, les ministres allemands à Bruxelles et à La Haye, furent chargés simultanément de transmettre, avant toute négociation, aux gouvernements hollandais et belge, une Note où l'Allemagne demandait — *exigeait* serait plus juste — que ces deux pays consentissent à entrer, dès l'expiration de l'année, dans le Zollverein, et renonçassent au libre-échange et surtout à la liberté d'émigration.

Comme on l'a vu par le mémoire émanant de l'ambassadeur de France à Berlin, que nous avons reproduit au chapitre II, l'Allemagne souffrait beaucoup de l'émigration, qui la privait de ses meilleurs ouvriers et agriculteurs, sans compter les nombreux soldats qu'elle perdait.

La Note allemande venait à propos pour réparer le mal, et l'on comprit vite ce qu'elle cachait.

C'était l'idée du blocus continental, que M. de Bismarck reprenait au profit de l'Allemagne et sous une forme nouvelle.

La Belgique et les Pays-Bas étaient sacrifiés d'avance, mais qu'importait puisque l'on atteignait au cœur l'Angleterre et que l'Allemagne lui ravissait le sceptre des mers, sans que le Royaume-Uni pût rien faire pour se défendre, menacé qu'il était — nous l'avons vu — dans son vaste empire asiatique.

A La Haye comme à Bruxelles, on comprit tout cela. On demanda du temps pour réfléchir, mais, en réalité, pour sonder les cabinets européens et voir si personne ne serait disposé à protéger les Pays-Bas et la Belgique contre cette violation du droit des neutres.

La France était morte, les diplomates néerlandais et belges furent éconduits.

Enfin, la Note allemande ou plutôt le projet de loi préparé à la hâte par le ministère sur les données de cette Note, dut être soumis aux Chambres de ces deux pays, mais celles-ci, malgré .tout, repoussèrent fièrement les exigences de M. de Bismarck.

Le Chancelier s'était trop avancé pour reculer, et dès qu'il eut connaissance du vote des Chambres, il fit transmettre à la Belgique et aux Pays-Bas une nouvelle Note comminatoire, faisant du rejet de sa demande un *casus belli.* Il augmentait même ses exigences et réclamait maintenant l'application rigoureuse, à Anvers, Rotterdam et Amsterdam, du système des passeports à la sortie de tous les navires, dont le départ devait être retardé jusqu'à ce que les consuls allemands dans ces ports eussent visé ces documents et constaté que pas un sujet allemand n'était à bord.

Comme en 1897, au moment où l'Allemagne avait fait connaître les conditions de sa paix avec la France, on put croire à une plaisanterie colossale. Il n'en était rien; pas plus maintenant qu'alors, M. de Bismarck ne plaisantait.

Ce qu'il voulait, il le voulait bien.

Ce qu'il voulait, c'était une bonne querelle d'Allemand.

Et il l'avait!

Comme bien on pense, les gouvernements des deux pays repoussèrent avec hauteur la nouvelle Note allemande, comprenant que, puisque le sort en était jeté, mieux valait braver l'annexion que d'accepter le protectorat ruineux de l'Allemagne.

On savait que M. de Bismarck avait dit : « L'Allema-

« gne a trop fait, trop travaillé, depuis un siècle, pour « être arrêtée par qui que ce soit ni par quoi que ce soit « dans sa marche ascendante. »

Trois armées allemandes étaient, depuis des mois, massées sur la frontière, à Metz, Trèves et Cologne.

Immédiatement, elles entrèrent en campagne.

Le pays envahi était dans la consternation, mais peut-être se faisait-il encore illusion sur son sort, grâce à l'enthousiasme que soulevait partout le roi des Belges, dont les ardentes proclamations, dignes des temps antiques, appelaient la nation tout entière à la défense du sol sacré de la patrie.

Hélas! rien ne devait arrêter le cours des événements.

CHAPITRE VII

Les armées hollando-belges, fortes de 240,000 hommes, s'étaient rapidement concentrées dans le sud et occupaient les positions suivantes :

L'armée belge, la ligne défensive de la Meuse, Liége, Huy, Namur, Dinant; un corps hollandais, massé à Maestricht, devait contribuer à la défense, en prenant à revers les armées allemandes au cas où celles-ci pénètreraient dans la Marche. Le reste de l'armée hollandaise s'établissait sous Bois-le-Duc, afin de couvrir les provinces septentrionales de la Néerlande.

La réserve belge était à Anvers.

Mais, pendant que les deux premières armées alliées surveillaient la Marche et défendaient le passage de la Meuse contre les armées allemandes venant de Metz, Trèves et Cologne, une autre armée impériale, concentrée rapidement et en secret à Düsseldorf, réussissait à pénétrer jusque dans le Haut-Brabant et après avoir franchi la Meuse à Maeseyck, prenait de flanc l'armée alliée et la forçait à capituler en rase campagne, entre Tirlemont et Louvain.

La IVe armée impériale put dès lors remonter sans encombre vers le nord et envahir les Pays-Bas, tandis que les trois armées du sud, ne rencontrant plus d'obstacle, marchaient sur Bruxelles et venaient mettre le siège devant Anvers.

Anvers n'est pas seulement une grande ville, le port de commerce le plus important du nord du continent, c'est aussi un centre artistique où sont amassés des trésors.

Anvers est la Rome du Nord sous ce rapport. Qui ne connaît, qui du moins n'a entendu parler de la superbe flèche de sa cathédrale, du musée Plantin — cette huitième merveille du monde; — de ces toiles immortelles dues au pinceau des Rubens, des Quentin Metzys, des Van Dyck, des Teniers et de tant d'autres ! Des volumes ne suffiraient pas à énumérer toutes les merveilles artistiques qu'Anvers possède.

Mais ce n'est pas ici le lieu de nous appesantir sur ces détails, quelque prix qu'on y attache. Nous devons nous borner au récit des événements mémorables de cette nouvelle *Année terrible.*

L'Angleterre seule avait répondu à l'entrée des armées allemandes en Belgique par une démonstration navale sur l'Escaut, où sa flotte se rencontra avec la flotte allemande. Celle-ci était devenue, depuis qu'elle avait absorbé la meilleure partie de la flotte française, le plus puissant assemblage de navires cuirassés qu'il fût possible de rêver, et si ses équipages n'avaient pas encore acquis les solides et sérieuses qualités qui, de tout temps, ont distingué les marins anglais et français, les matelots et les troupes d'infanterie de marine qui les formaient avaient pourtant bien leur prix.

Homme de précaution avant tout, l'amiral Strausch, qui commandait les forces navales allemandes, dès l'envoi de la seconde Note du Chancelier, avait cru devoir prendre les devants sur l'Amirauté anglaise.

Il était clair pour tout le monde que l'Angleterre devait à l'honneur de son drapeau une démonstration sur l'Escaut ; que cette démonstration serait faite malgré l'envoi de la majeure partie de la flotte à Chypre, à Suez et aux Indes ; qu'enfin, il fallait profiter de l'infériorité numérique accidentelle de la flotte anglaise, si l'on voulait réussir contre Anvers.

Avant donc que la déclaration de guerre n'eût été faite, l'amiral Strausch avait embossé devant Flessingue 17 cuirassés de 1er rang, outre le *Kœnig Wilhelm*, qui battait pavillon-amiral.

Le reste de ses cuirassés formait deux divisions : la première était postée immédiatement au nord des Bancs de Flandre ; la seconde devait croiser en échelons dans la mer du Nord, au N.-E. de l'Escaut ; le service d'éclaireurs était fait, pour les trois divisions, par une escadrille volante d'avisos et de canonnières.

Telle était la position prise déjà par la flotte allemande, quand le Parlement anglais décida qu'une démonstration serait faite sur l'Escaut. L'amiral Seymour avait ordre de pousser au besoin jusque sous Anvers et de s'opposer par la force au blocus du fleuve. Malheureusement, les vaisseaux prêts à ce moment à Plymouth et Portsmouth étaient bien moins nombreux que ceux dont disposait l'amiral Strausch et, de plus, celui-ci avait trois jours et demi d'avance sur les Anglais. On partit néanmoins et, arrivé à la hauteur des Bancs de Flandre, lord Seymour rencontra la 1re division allemande. Celle-ci avait, toutefois, pour instructions de ne pas s'opposer au passage des Anglais. Lord Seymour arriva donc sans encombre jusque devant l'embouchure de l'Escaut.

Il y trouva la division de blocus.

Brave comme tous les Anglais et décidé à exécuter ponctuellement l'ordre qu'il avait reçu de couvrir Anvers, lord Seymour fit mine de ne pas même voir ce grand déploiement de forces. Le signal fut donc donné à la flotte d'entrer dans l'Escaut, et les premiers cuirassés anglais s'y disposaient quand un canot vint aborder le vaisseau-amiral anglais, *The Thunderer*.

« L'amiral Strausch, venait dire un officier allemand, demande si lord Seymour a la prétention de forcer l'entrée de l'Escaut? Si telle était son intention, l'amiral Strausch se verrait dans la regrettable nécessité de s'y opposer, tels étant les ordres reçus de l'Amirauté allemande. »

A quoi lord Seymour répondit « qu'il allait à Anvers ; que tel était le bon plaisir de Sa Gracieuse Majesté la

Reine ; qu'il n'avait rien à démêler avec l'Amirauté allemande ; qu'au surplus, il s'inquiétait peu de savoir si cela plaisait ou déplaisait à l'amiral Strausch ; que la Belgique était menacée et qu'à l'Angleterre seule appartenait l'honneur de la défendre. »

Sur quoi l'officier allemand fut cérémonieusement reconduit à son canot, tandis que le *Thunderer* poursuivait sa marche en avant, suivi par toute la flotte anglaise.

L'amiral Strausch n'en attendit pas davantage ; aussitôt, les deux divisions qui se trouvaient à l'ouest et au nord-est de l'embouchure de l'Escaut, par un rapide mouvement de conversion, se rabattirent, comme les bras d'une tenaille, sur la flotte britannique, pendant que celle-ci cherchait, mais en vain, à forcer la ligne de blocus.

La bataille fut longue, elle fut épouvantable, les pertes des deux côtés énormes ; mais, malgré tout leur héroïsme, les Anglais furent écrasés. Le *Thunderer* s'était avancé jusqu'en face de l'entrée des docks de Flessingue et là, tout entouré de navires allemands, il s'était fait sauter, semant autour de lui la terreur et la mort !

L'honneur de l'Angleterre était sauf, mais les plus beaux navires de la flotte anglaise étaient détruits ou tellement endommagés que de longtemps le mal ne pourrait être réparé.

Quant aux Allemands, ils restaient maîtres de l'Escaut.

De ce moment, le siège d'Anvers cessait d'être ce rêve irréalisable que l'on avait dit ; Anvers n'était plus imprenable ! Le succès du siège ne dépendait plus que du temps et de la ruse.

Anvers, on le sait, est la plus puissante forteresse du

monde ; sa position géographique et topographique la défend naturellement et des ouvrages très complets augmentent encore sa valeur défensive. Depuis longtemps, on la considérait comme imprenable.

Les fortifications, ou mieux : le camp retranché d'Anvers, a été construit sur les plans du général Brialmont, dont la réputation comme ingénieur militaire est européenne et dont les patriotiques avertissements de 1882 recevaient une éclatante confirmation.

La ville est baignée à l'ouest par l'Escaut.

Au nord se déroulent les Polders, qui s'étendent à plus de six lieues à la ronde ; ces Polders peuvent être submergés, car ils se trouvent au-dessous du niveau de la mer.

Une ligne continue de fortifications, construites suivant des plans nouveaux, entoure la ville sur toute la partie nord, est et sud.

Une double enceinte de forts, dont les feux convergents défendent les abords des remparts, s'étend autour de la ville et commande les Polders.

A l'est de la ville se trouvent le fort n° I, à 3,000m de la porte de Turnhout; à 1,600m du n° I, le fort n° II, toujours à l'est, relié à Anvers par une chaussée allant du fort à la porte d'Herenthals.

Au sud-est, le fort n° III, à 1,200m du n° II; puis les forts IV, V, VI, VII et VIII, dont le plus important est le fort n° IV, au sud.

Nous avons dit que l'Escaut baigne la ville à l'ouest ; il mesure à cet endroit 600m de largeur et son thalweg, très profond, permet l'accès des vaisseaux de haut bord.

Sur la rive gauche du fleuve, en face la ville, se trouvent d'autres ouvrages, la Tête-de-Flandre, les forts de Zwyndrecht et Cruybeek et une digue défensive qui rendent cette rive inabordable.

Tels sont, *grosso modo*, les ouvrages destinés à couvrir Anvers.

La défense proprement dite de la ville consiste surtout dans les Polders qui l'entourent et qui lui font une ceinture infranchissable lorsque les écluses ont été ouvertes.

Comme système, celui adopté à Anvers est, sans contredit, un des plus complets qui existe.

La plupart des grandes forteresses de nos jours sont presque toutes construites d'après le système de Vauban, c'est-à-dire formant des enceintes bastionnées, ou, pour mieux dire, entourées d'une série de bastions. Ce système offre de grands désavantages, surtout avec les canons modernes, dont la portée, pour les pièces de siège, va jusqu'à 12 kilomètres.

Le flanquement y est imparfait et la succession de bastions offre une ligne continue de secteurs privée de feux, dont l'assaillant profite.

A Anvers, on a remédié à ces divers inconvénients en employant pour la première fois sur une grande enceinte, le système polygonal, consistant en une succession de côtés où l'on ne rencontre plus de secteurs privés de feux.

Le flanquement s'opère au moyen de caponnières et de demi-caponnières qui battent les fossés et les défendent.

Enfin, l'angle-mort, si préjudiciable dans le système de Vauban, disparaît complètement dans le système polygonal, grâce à la continuité des côtés et à l'arrondissement des saillants.

Mais, laissons-là ces considérations techniques, et poursuivons.

En outre de l'enceinte et de la série de forts qui défendent la ville, une troisième ceinture de forts rend l'approche des deux autres enceintes presque impossible. Ces ouvrages, à peine terminés au début de 1899, formaient, autour d'Anvers, une ligne de circonvallation qui n'avait pas moins de 40 *kilomètres* de diamètre, partant, au nord, de l'Escaut (deux forts à coupole et une puissante batterie blindée défendent le Bas-Escaut) et aboutissant, au sud, à la Grande-Nèthe et au Ruppel, au fort de Waelhem, près Malines, et au fort de Ruppelmonde.

On conçoit aisément qu'une place pareille devait éveiller les convoitises allemandes, surtout quand cette place si forte se trouve être en même temps une des cités maritimes les plus riches du monde.

Les armées allemandes avaient donc mis le siège devant Anvers et depuis neuf mois le bombardement des forts se poursuivait sans succès. Tout semblait échouer contre la place, qui tenait toujours, quoique le blocus de l'Escaut eût empêché le ravitaillement.

Mais déjà les Anversois se décourageaient; le blocus du fleuve les ruinait et les vivres commençaient à manquer, par suite des incendies successifs des trois principaux magasins d'approvisionnements, allumés, dit-on, par des Allemands naturalisés Belges en 1880 et peu reconnaissants, hélas! des imprudentes facilités accordées alors pour la naturalisation des étrangers.

Les Allemands saisirent cette occasion d'en finir, et le 11 janvier, dès l'aube, alors que sur terre un effort simultané était tenté sur six points différents, l'amiral Strausch, avec 20 cuirassés, remontait l'Escaut. Sacrifiant d'avance une partie de sa flotte, il réussit à forcer le passage défendu par les forts à coupole et par la batterie de Sainte-Marie.

Le passage franchi, ce qui restait de la flotte allemande vint jeter l'ancre dans la rade même d'Anvers, dont le bombardement devenait un jeu d'enfant.

Toute résistance était donc devenue impossible et dès le soir du même jour, Anvers capitulait!

CHAPITRE VIII

Le rêve du Prince de Bismarck est accompli : une Europe foulée aux pieds par l'Allemand, un empire immense constitué, tout-puissant désormais, mais fait d'éléments tellement hétérogènes que la main de fer du Chancelier peut seule les tenir unis ; car, entre les sujets allemands, polonais, français, danois, belges, hollandais, de S. M. l'Empereur-Roi, une haine éternelle existe.

C'est là le chancre rongeur qui, un jour, détruira l'œuvre de M. de Bismarck ; éventualité prévue, du reste, par des esprits sérieux qui, de loin, avaient vu se former et se défaire dans l'avenir cette macédoine de peuples.

Mais, jamais on n'écoute le prophète du malheur : on le conspue, on le bafoue, on lui jette des pierres,..... quitte à lui élever des statues plus tard.

Un livre prophétique avait paru en 1881.

Ce livre, écrit par un souverain, prévoyait l'avenir et surtout le rôle sanglant qu'y jouerait M. de Bismarck. Voici à son égard comment il s'exprimait et la déduction logique qu'il tirait des événements antérieurs à cette époque.

L'auteur de la *Mission des Souverains* prétend, contrairement à M. de Bismarck, que, même victorieux, on ne peut s'annexer des territoires sans le libre consentement des populations qui les habitent.

« Souverains ou Nations, nous n'avons pas de pire « ennemi que ce système inique et absurde, cause de « toutes nos guerres et de toutes nos révolutions, véri- « tables coupe-gorge, constitution du mal permanent, « institution du *struggle for Life* armé, qui nous crie : « La bourse, le territoire ou la vie ! »

« Telle est la moralité de la guerre de 1870 et du traité « de Francfort de 1871, traité inique comme tous nos « traités de force, mais encore plus à cette date, car il « n'est plus permis aujourd'hui, sans forfaire sciemment « au christianisme, à la conscience de toutes les nations « de l'Europe, de s'annexer par la violence des territoires « sans consulter au préalable les populations qui les ha- « bitent depuis des siècles et qui les ont mis en valeur de « père en fils.

« Les diplomates de 1648 (*traités de Westphalie*) ont agi « mal, faute de savoir mieux, mais on n'en peut dire au- « tant de M. le Prince de Bismarck à une époque comme « la nôtre.

« Pour sa nation, comme pour l'Europe entière, il au- « rait dû faire servir la force à autre chose qu'à l'abus de « la force.

« Grâce à la recrudescence de brutalité apportée par « cet homme d'Etat à la loi de force du système euro- « péen, l'unité de l'Allemagne et celle de l'Italie ne sem- « blent, à certains esprits, clore les guerres de natio- « nalités que pour rouvrir celle des guerres de race.

« Mais, si l'anarchie inter-gouvernementale nous con- « duit, en effet, droit à un pareil avenir, l'expérience « des siècles écoulés nous montre que ce sont les races « du centre et du midi de l'Europe qui en seraient défini-

« tivement les victimes, après de longs égorgements mi-
« litaires suivis de révolutions et de ruines. »

La Russie, l'Autriche, l'Angleterre, auraient dû, sans nul doute, intervenir efficacement dans les événements de 1900; mais ceux-ci avaient été tellement précipités que les puissances, aussi terrifiées que surprises, n'osèrent ou ne purent rien dire. Du reste, dans ces sortes de drames, l'intervention n'est-elle pas une grossière plaisanterie qui donne toujours raison au plus fort.

Qu'on nous permette à ce propos de citer encore un passage de *la Mission des Souverains*. Son auteur parle du dénoncement du traité de Londres, en 1863, lors de la guerre du Schleswig-Holstein.

« Sur cinq puissances représentées, les diplomates an-
« glais, russes et suédois défendirent les droits du Dane-
« mark; les représentants de Prusse et d'Autriche, les
« droits du duc d'Augustembourg qui, ayant tenté, en
« 1848, de s'emparer des deux duchés, en avait été
« chassé par la Prusse et l'Autriche elles-mêmes.

« Entre ces deux camps, la diplomatie française en
« établit un troisième en demandant de consulter les
« populations des duchés.

« C'était une excellente demande, mais trop en dehors
« des habitudes diplomatico-militaires du gouvernement
« général de l'Europe pour ne pas faire fermer la Confé-
« rence. »

Et qu'on se le rappelle : c'était en 1863, alors que la Prusse n'était encore que la Prusse, et non pas une puissance colossale disposant d'une armée formidable comme en 1900.

En 1863, les grandes puissances n'avaient rien pu faire; que pouvait-on attendre d'elles en 1900?

Rien, évidemment!

Aussi, le coup fait, de Moscou à Madrid, de Constantinople à Londres même, dans les basiliques, les cathédrales, les plus humbles chapelles, s'éleva la grande voix du *Te Deum*, qui consacrait le nouvel ordre de choses.

VATES.

TABLE DES MATIÈRES

PARIS. — IMPRIMERIE L. BAUDOIN ET Cie, RUE CHRISTINE, 2.

A LA MÊME LIBRAIRIE :

L'art militaire au XIXe siècle. — **Stratégie, histoire militaire** (1792-1815, 1815-1867) ; par W. **Rüstow.** Traduit de l'allemand sur la 3e édition, entièrement refondue (1882), par le général Savin de Larclause. Paris, 1882, 2 vol. in-8, avec planches. 15 fr.

L'art militaire au XIXe siècle. — **La petite guerre** ; par W. **Rüstow.** Traduit de l'allemand par Savin de Larclause, colonel de cavalerie. 2e édition. Paris, 1872, 1 vol. in-8. 5 fr.

L'art militaire au XIXe siècle. — **Tactique générale,** avec des exemples à l'appui ; par W. **Rüstow.** Traduit de l'allemand sur la 2e édition, avec l'autorisation de l'auteur, par Savin de Larclause, colonel de cavalerie. Paris, 1872, 1 vol. in-8 avec 12 planches. 10 fr.

L'art militaire au XIXe siècle. — **Études stratégiques et tactiques sur les guerres les plus récentes** (1866-1870) ; par W. **Rüstow.** Traduit de l'allemand par Savin de Larclause, colonel de cavalerie. Paris, 1875-1880, 3 vol. in-8, avec 12 planches. 21 fr.

Guerre des frontières du Rhin (1870-1871) ; par W. **Rüstow.** Traduit de l'allemand, par Savin de Larclause, colonel de cavalerie. Paris, 1873, 1 vol. in-8 avec 8 cartes gravées et coloriées avec soin. 10 fr.

Campagne de 1870-1871. — **Opérations des armées allemandes depuis le début de la guerre jusqu'à la catastrophe de Sedan** et à la capitulation de Strasbourg ; par le colonel **A. Borbstaedt.** Traduit de l'allemand, par E. Costa de Serda, capitaine au corps d'état-major. Paris, 1872, 1 vol. gr. in-8 avec croquis dans le texte et atlas de 8 cartes ou plans en couleurs. 16 fr.

Campagne de 1870-1871. — **Opérations des armées allemandes depuis la bataille de Sedan jusqu'à la fin de la guerre,** d'après les documents officiels du grand quartier général ; par W. **Blume,** major au grand état-major prussien. Traduit de l'allemand, par E. Costa de Serda, capitaine d'état-major. Paris, 1872, 1 vol. in-8 avec une carte générale du théâtre des opérations imprimée en deux teintes. 8 fr.

Guerre franco-allemande. Résumé et commentaires de l'ouvrage du grand état-major prussien ; par Félix **Bonnet,** capitaine au 3e régiment d'artillerie. Tome 1er (Déclaration de guerre. 19 juillet ; batailles de Sedan et de Noisseville, 1er septembre). Paris, 1878, 1 vol. in-8 avec 4 planches tirées en couleurs. 7 fr. 50

Campagne de 1870-1871. — **Opérations de la 3e armée,** d'après les documents officiels de la 3e armée (Formation et déploiement de la 3e armée ; combat de Wissembourg et bataille de Wœrth ; marche à travers les Vosges ; marche vers Châlons ; changement de direction et marche vers le Nord ; Sedan) ; par W. von **Hahnke,** major de l'état-major prussien. Traduit de l'allemand, par MM. G. Niox, capitaine d'état-major et Savart, capitaine au 34e de ligne.—Première partie : jusqu'à la capitulation de Sedan. Paris, 1874, 1 vol. in-8 avec croquis et cartes. 7 fr.

Campagne de 1870-1871. — **Opérations du 5e corps prussien dans la guerre contre la France** ; par **Stieler** von **Heydekampf,** capitaine à l'état-major du 5e corps. Traduit de l'allemand par F.-X. Humbel, capitaine d'état-major, professeur à l'Ecole de cavalerie (Wissembourg, Wœrth, Sedan, investissement de Paris, occupation de Versailles, la Malmaison, Buzenval). Paris, 1873, 1 vol. in-8 avec 3 cartes. 6 fr.

Campagne de 1870-1871. — **Opérations de la 1re armée, sous le commandement du général von Manteuffel,** depuis la capitulation de Metz jusqu'à la prise de Péronne, d'après les documents officiels du quartier général de la 1re armée (Marche en avant de Metz à Compiègne et déploiement sur l'Oise ; marche sur Amiens ; bataille d'Amiens ; capitulation de La Fère ; occupation d'Amiens ; marche vers la Normandie ; occupation de Rouen ; surprise de Ham ; capitulation de Montmédy ; bataille de l'Hallue ; bombardement de Péronne ; combats de Longpré, de Busigny ; bataille de Bapaume ; capitulation de Péronne) ; par le comte Hermann de **Wartensleben,** colonel d'état-major. Traduit de l'allemand par G. Niox, capitaine d'état-major. Paris, 1873, 1 vol. in-8 avec une carte. 6 fr.

Campagne de 1870-1871. — **Opérations de l'armée du Sud pendant les mois de janvier et février 1371,** d'après les documents officiels de l'état-major allemand (Marche par la Côte-d'Or ; conversion à droite des 2e et 7e corps vers la Saône ; marche des 2e et 7e corps vers le Doubs ; combat près de Dijon ; position du 7e corps du côté de Besançon ; combat de Salines ; marche de l'armée du Sud vers la frontière suisse ; combat de Sombacourt, de Chaffois, de Frasne, de Vaux, de Pontarlier et de La Cluse ; occupation de Dijon ; reddition de Belfort) ; par le comte Hermann de **Wartensleben,** colonel d'état-major. Traduit de l'allemand par Alfred Dumaine (Extrait du *Journal des sciences militaires*). Paris, 1872, broch. in-8 avec 2 planches. 2 fr. 50

Paris. — Imprimerie L. Baudoin et Ce, rue Christine, 2.

www.ingramcontent.com/pod-product-compliance
Lightning Source LLC
LaVergne TN
LVHW050424160826
845677LV00002BA/530

* 9 7 8 2 3 2 9 6 9 7 9 2 5 *